湖南省社科成果评审委员会重大课题"湖南打造文化强省升级版问题与对策研究"（XSP17ZDA007）、"湖南文化旅游深度融合推进精准扶贫研究"（XSP17ZDA006）成果

大文化视阈下
产业扶贫与特色发展研究

邓子纲⊙著

中国社会科学出版社

图书在版编目（CIP）数据

大文化视阈下产业扶贫与特色发展研究/邓子纲著. —北京：中国社会科学出版社，2017.7

ISBN 978 - 7 - 5203 - 0791 - 8

Ⅰ.①大…　Ⅱ.①邓…　Ⅲ.①扶贫—研究—中国　②文化产业—产业发展—研究—中国　Ⅳ.①F124.7②G124

中国版本图书馆 CIP 数据核字（2017）第 189370 号

出 版 人	赵剑英
责任编辑	李庆红
责任校对	石春梅
责任印制	王 超

出　　版	中国社会科学出版社
社　　址	北京鼓楼西大街甲 158 号
邮　　编	100720
网　　址	http：//www.csspw.cn
发 行 部	010 - 84083685
门 市 部	010 - 84029450
经　　销	新华书店及其他书店

印　　刷	北京明恒达印务有限公司
装　　订	廊坊市广阳区广增装订厂
版　　次	2017 年 7 月第 1 版
印　　次	2017 年 7 月第 1 次印刷

开　　本	710×1000　1/16
印　　张	13.75
插　　页	2
字　　数	201 千字
定　　价	58.00 元

目　　录

第一章 特色文化产业的认知与现实基础

文化产业是民族凝聚力和创造力的重要源泉，是 21 世纪最具发展潜力的"朝阳产业"，起着越来越重要的作用，基于文化产业的综合软实力已经成为综合国力竞争的重要内容。特色文化产业是指依托各地独特的文化资源，通过创意转化、科技提升和市场运作，提供具有鲜明区域特点和民族特色的文化产品和服务的产业形态①。特色文化产业具有独特的人文价值和经济价值，已然成为一个地区公众消费的热点和新的经济增长点，是提升区域经济竞争力的战略产业。2014 年 8 月，国家文化部、财政部发布了《关于推动特色文化产业发展的指导意见》，提出依托各地独特的文化资源大力发展特色文化产业的号召与要求。

湖南省文化资源丰富、类型齐全、种类多样、特色鲜明，发展特色文化产业有着得天独厚的优势，仅世界级影响的文化资源就有 6 项（处），也完全具备了带动经济社会超常规、跨越式发展的各种条件。充分发挥特色文化产业的民族性即世界性特征，是湖南省打造顺应国际潮流，面向全世界的内陆开放型、外向型经济高地的重要抓手之一。特别是在当前湖南省面临促进经济结构协调发展和生产力布局优化的重大现实情形下，以特色文化产业发展作为突破口，提高资源时间、空间配置效率，可以促进产业发展与资源环境承载力相适应的宏观调控活动，进而影响到微观领域的运行、产业结构的优化和地区经济的面貌，乃至经济、社会、民生的健康、持续发展。

---

① 资料来源：文化部、财政部联合印发的《关于推动特色文化产业发展的指导意见》（文产发〔2014〕28 号）。

第一节　战略定位

湖南省要贯彻落实中央培植文化产业成为国民经济支柱产业和新的经济增长的发展战略，必须扶植壮大本省特色文化产业，这不仅是贯彻落实党的十八大、十八届四中、五中全会重要精神、转变经济发展方式的必然选择，而且对于增强湖南省文化实力和竞争力、开发和保护特色文化资源都具有重要意义。

一　发展特色文化产业是避免文化产业同质竞争的必然选择

产业同质竞争历来是新兴产业培育和传统产业升级过程中难以克服的问题。同质化往往导致某种文化产品或服务的低端化、雷同化，容易引发低价恶性竞争和低水平复制，不仅浪费大量宝贵文化资源，而且不利于特色文化产业内部以及文化产业与其他产业之间的分工和协作，阻碍文化产业创意特色的融入和产业链条延伸。由于我国文化产业发展正处于产业培育期，许多机制并不健全，加之有些部门对文化产业特殊发展规律认识不足，不同区域之间文化产业出现了严重的同质化现象。湖南省与湖北省、江西省、广东省、广西壮族自治区、贵州省、重庆市相邻，许多文化资源相同，产业结构相似，易出现文化产业同质化竞争问题。发展湖南省区域特色文化产业，有利于发挥自身比较优势，避免重复建设，实现错位发展，形成与国内其他地区相互协调、相互配合、共同发展的局面。

二　发展特色文化产业是应对经济下行压力的有力举措

受国际、国内经济形势影响，湖南省经济下行压力增大。经济结构调整的迫切要求为文化产业发展预留了巨大空间，而特色文化产业大多以文化遗产、非物质文化遗产为开发转换对象，不仅具有深刻的文化意义，同时也具备极大的文化财富挖掘潜力。湖南省特色文化产业区域性、特征性鲜明，贴近民生，群众喜闻乐见，内需市场潜力巨大。随着现代科学技术的注入，湖南省一些特色文化产品在创新设计与艺术含量上不断提升，市场前景非常好，完全具备市场化、产业化的条件，在当前消费结构转型升级中已经形成了新的热点，成为推动经济结构调整的重要引擎。

三　发展特色文化产业是实现全面小康社会的有效途径

近年来，西部经济欠发达地区，依托其丰富的特色文化资源大力发展特色文化产业，云南、广西、贵州的文化旅游，青海、西藏的唐卡艺术品，陕西、四川的民间演出，藏羌彝文化产业走廊，甘肃庆阳香包，已经形成规模经济效应，成为文化脱贫、文化富民，拉动区域经济社会发展的引擎。从湖南省的实践来看，特色文化资源丰富的地区，恰恰大多是经济欠发达地区。截至 2015 年，湖南纳入国家、省扶贫工作范围的县市区共有 48 个，由 40 个连片特困地区县和重点县、8 个省扶贫开发工作重点县组成。湖南的少数民族主要集中在这些贫困县，涵盖了一个少数民族自治州和 7 个少数民族自治县。2012年，全省 48 个扶贫工作重点县共有 1005 个乡镇、2.06 万个村民委员会，占全省的比重分别是 48.2%、49.5%。国土面积 11.25 万平方公里，占全省国土面积的 53.1%。年末总人口 2700.4 万人，占全省总人口的 37.6%。其中，少数民族人口 597.75 万人，占全省少数民族的 89.1%；乡村人口 2386.8 万人，占全省的 41.8%。乡村从业人员数 1351.44 万人，其中，农林牧渔业从业人员数 843.78 万人，分别占全省的 42.3%、45.4%。2012 年，全省贫困人口 767 万人，农村贫困发生率为 13.4%。其中，48 个扶贫工作重点县贫困人口 523.64万人，占全省的 68.3%；贫困发生率 21.9%，高出全省 8.5 个百分点①。发展特色文化产业，把湖南省特色文化资源优势转化为产业优势和经济优势，对于湖南省全面建成小康社会具有重要意义。

四　发展特色文化产业是保护和传承文化遗产资源的重要保障

文化遗产是特色文化的主要载体和表现形式。作为人类历史文明的载体，文化遗产具有稀缺性、唯一性、不可逆性等特征，是一种特殊资源。现代工业社会的标准化、规模化经济发展方式和城市化进程

---

① 资料来源：湖南省统计信息网，http://www.hntj.gov.cn/tjfx/jczx/2013jczx/201507/t201507173788615html。

对民族文化遗产的保护与传承构成了严峻挑战。发展特色文化产业，就是要通过创意转换、现代转换、科技转换和集成转换，挖掘文化遗产中最具魅力的活态性价值，在发展中保护，在创新中传承，使宝贵的民族文化遗产资源得以永续利用。随着历史变迁与社会结构变化，一些民间传统文化与民众的生活逐渐疏远脱离，其中既有文化发展变化的自然规律，也有在工业化、全球化的浪潮冲击下的非正常衰亡。借助产业开发的动能，激活传统民族文化资源的现代价值，就成为一种文化发展的自觉，使文化的传承与发展不再停留在文献记录、科学研究或小范围人群的传承接力之中，而是与富有生机活力的民众生活，尤其是与年青一代形成良性的接触与互动，与现代人的审美、生活方式对接，让更多人感受到其中蕴含的文化特色和魅力，进而产生文化认同①，使湖南省优秀的传统文化薪火相传，保持旺盛的生命力。湖南省已在建立健全非物质文化遗产保护工作机构、建设非物质文化遗产生产性保护示范基地、实施文化生态保护试验区建设、开展数字化保护工作和非遗宣传展示活动、举办湖南省非物质文化遗产保护工作培训班方面做了许多工作。

第二节　现实基础

湖南省拥有丰富的特色文化资源，既有源远流长的历史文化、波澜壮阔的红色文化，也有赏心悦目的山水文化，更有绚丽多姿的民族文化。湖南省具有世界级影响的文化资源就有 6 项（处），其中世界非物质文化遗产 3 项、文化遗产地和文化遗产地预备名录 3 处；国家级影响的文化资源有 400 项（处），其中，全国重点文物保护单位 183 处、国家大遗址 7 处、国家考古遗址公园 4 处、国家级历史文化名城 3 个、国家级历史文化名镇 5 处、国家级历史文化名村 8 处、中

---

① 齐勇锋、吴莉：《特色文化产业发展研究》，《中国特色社会主义研究》2013 年第 5 期。

国传统村落 72 个，国家级非物质文化遗产保护项目 118 个；省级影响的文化资源达 1164 项（处）；至于市州级、区县级影响的文化资源更是多之又多。这些文化资源，不仅是经济社会发展的物质文化财富，更是特色文化产业发展的坚实基础和创意源泉。近年来，湖南省文化产业以资源转化和产业整合为重点，取得了显著的发展成绩。

一　产业规模不断壮大

第三次全国经济普查数据显示，2013 年湖南省文化和创意产业增加值结果为 1354.23 亿元，同比增长 15.2%，高出当年经济增长速度 5.1 个百分点；占 GDP 比重为 5.53%，同比提高 0.22 个百分点。其中，国家认定的文化产业法人单位增加值为 1001.34 亿元，比 2012 年国家认定数（804.4 亿元）增加了 24.5%。湖南省文化产业法人单位增加值占全国份额由 2012 年的 4.45% 上升到了 4.99%。据初步统计，上半年全省文化和创意产业实现增加值 850 亿元，比上年同期增长 9%。规模（限额）以上文化和创意产业发展呈现文化制造业发展较快、文化和创意产业整体发展后劲增强等特点。上半年，全省规模（限额）以上文化和创意产业法人单位 2325 个，同比增加 20 个；实现总产出 1352.66 亿元，增长 18.8%。全省规模（限额）以上文化和创意产业法人单位平均总产出 5818 万元，平均单位规模同比增加 880 万元，增长 17.8%[①]。

在文化部、财政部重点鼓励发展的工艺美术品、演艺娱乐、文化旅游、特色节庆、特色展览等特色文化产业运行态势良好，支撑作用强劲。工艺美术品产业方面，醴陵作为"中国陶瓷历史文化名城"，截至 2014 年，醴陵市文化产业增加值达到 54 亿元，占 GDP 比重达到 11.1%，远远高于株洲市和湖南省的平均水平。而陶瓷文化产业作为醴陵特色文化产业在其中占据了半壁江山，是名副其实的支柱产业。2003 年，醴陵陶瓷产业即被确定为全省十大标志性支柱产业。湘绣作为我国有名的工艺品之一，改革开放以来，湘绣产业取得了长足发

---

① 资料来源：湖南省统计信息网，http：//www.hntj.gov.cn/tjfx/jczx/2013jczx/201507/t201507173788615html。

展。长沙市 1980 年湘绣产业年产值突破 1000 万元人民币，1985 年上升为 1260 万元人民币，尔后又跃升为 3000 多万元人民币。湘绣产品的外贸出口额也逐年增长，20 世纪 80 年代中期出口交易额增至 500 多万美元，湘绣在全国刺绣行业中一枝独秀。据统计，长沙市从事湘绣生产的企业有 113 家（已进行工商注册），全市湘绣的年总产值在 5 亿元左右。"中国烟花之乡"的浏阳，目前有烟花爆竹生产企业 1024 家，产能占全国总量的 70%，出口总额占全国的 60%，内销占全国的 50%。拥有大型焰火燃放企业 86 家，占全国大型焰火燃放业务的 85% 以上。2014 年，花炮产业集群实现总产值 280 亿元，创税 10.66 亿元，吸纳就业人口 30 多万，发放社会工资 80 多亿元。"中国银都"永兴县的白银产量占全国 1/4，全县共有金银首饰、金属工艺品开发生产销售企业 38 家，销售门店 200 余家，生产销售实现增加值 8.9 亿元，占文化产业增加值的 51%。

文化旅游方面，以演绎湖南少数民族风情的《张家界·魅力湘西》、以展现湖湘经典爱情故事的《天门狐仙·新刘海砍樵》、以展现伟人风采的《中国出了个毛泽东》、以反映湖南湘西美丽爱情故事的《边城》和融汇中西文化彰显湖湘魅力的《红太阳之夜》及《潇湘画卷》等为代表的演艺娱乐业行情看好，常常是一票难求、座无虚席。其中《张家界·魅力湘西》《天门狐仙·新刘海砍樵》现已成为知名的旅游演艺品牌，年经营收入均过亿元。

特色节庆方面，像城步苗族六月六山歌节、绥宁苗族四八姑娘节、通道侗族大戊梁歌会、吉首鼓文化节、永定土家族元宵灯会等为代表的特色节庆越来越呈现出独特的民族文化魅力。其中城步县以六月六山歌节特色节庆活动带动旅游升温，拉动文化旅游消费，启动了县域经济发展的强力引擎。2014 年，全县接待国内外游客 70.8 万人次，同比增加 14.3 万人，占 GDP 比重 15%，增幅 25.3%；实现旅游综合收入 4.68 亿元，同比增加 0.84 亿元，增幅 21.9%；文化产值实现 1.52 亿元，占 GDP 比重 5%，增幅 36.8%。2015 年，城步接待国内外游客突破 100 万人次，同比增长 20%；实现旅游综合收入 8 亿元，同比增长 25%。

二　产业集聚进程不断加快

湖南省特色文化产业通过有序集聚，逐步形成一批集聚效应明显、孵化功能突出的特色文化产业集群，提升了区域文化品格，打造出地方文化名片。醴陵按照"以产兴城、以城托产、产城一体、产城融合"的思路，大力推进园区建设，建设了世界陶瓷艺术城、陶瓷国际商贸城、湘东国际物流园等一批重点项目，打造以陶瓷文化为主要内容的大型产业发展项目——原醴陵陶瓷文化产业园，现湖南醴陵经济开发区，2006 年，被列入全省 50 个支持优先发展的重点产业集群。截至 2014 年，共有陶瓷企业 503 家，配套企业 205 家，陶瓷文化产业工人 12.8 万人，从业人员近 20 万人，形成了集陶瓷材料、陶瓷制造、陶瓷机械、陶瓷颜料、配送物流等于一体的完整产业链条。长沙采取横向合并的方式，将散而小的湘绣生产企业合并参股，组成较大规模的股份制企业，从而实现规模效应。同时采取纵向合并、培育的方式，将生产绣线的企业、刺绣企业、刺绣包装（木业、玻璃工艺等）企业等上下游企业整合，实现整个产业链的组合，降低湘绣企业相互间的交易成本，提高效率。浏阳作为湖南省政府重点支持发展的 50 大产业集群之一，形成了集原材料供应、生产经营、科研设计、包装印刷、仓储物流、焰火燃放、文化创意为一体的产业集群，现有花炮企业集团公司 12 家，上市公司 2 家，亿元企业 20 多家，产值上 1000 万元的企业 500 多家。

三　重大项目不断落地

一批 10 亿元以上重大项目相继落地，如总投资 10 亿元的湖南工艺美术（陶瓷）文化产业园已经开工，项目涵盖了陶瓷产品开发、旅游观光、休闲体验三大内容，预计可实现年销售额超过 10 亿元的工艺美术产业集群。长沙铜官国际文化旅游度假区一期工程正在进行中，该项目总投资 14.5 亿元，将建成陶瓷文化配套服务街区。总投资 20 亿元的茶陵中华茶祖文化产业园已完成茶祖公园的建设，在建茶叶交易市场已签约 56 个全国最具影响力的茶企进驻。

2015 年湖南特色文化产业重点项目主要包括：

——湖南湘绣科技园：项目总投资 5 亿元，总建筑面积 23.5 万平方米，2015年年初已进行土建工程施工，建设期三年，力求实现以下四大目标：第一，将成为本地区、本市乃至全省的湘绣企业集群；第二，开办湘绣专业学院进行专业的学历教育，为湘绣产业发展培育后续人才，同时持续创新开发新型产品；第三，规范湘绣行业的行为和管理；第四，把湖南湘绣科技园建成生态文化产业基地，使之成为长沙市一座集自然景观、人文景观和文化艺术景观于一身的旅游观光购物休闲的湘绣名城景区。

——湖南工艺美术（陶瓷）文化产业园：项目总投资10亿元，于2014年9月开建，建设周期5年。项目由7个部分组成：（1）湖南工艺美术（陶瓷）文化产业园；（2）"湖南陶瓷艺术博物馆"主题文化公园；（3）铜官旅游标志性景点："守风阁"及文化广场；（4）影视拍摄基地湖南铜官："三古"名胜风景区；（5）湖南观景水上乐园水幕电影；（6）大型会展中心；（7）艺术家村落及旅游休闲度假基地。该项目可形成陶瓷产品开发、旅游观光、休闲体验的三个发展：（1）带动陶瓷主业及配套工艺美术产业发展；（2）带动旅游产业发展；（3）带动本地商业经济发展；预计可实现年销售额过10亿元的工艺美术产业集群，亦可带动旅游等其他方面的共同发展，共可安排就业人员约两千人。

——乔口渔都乐园渔文化园：项目总投资2.1亿元，于2014年上半年开园。项目按国家级爱国主义教育基地、国家5A旅游景区、国家级文化产业示范基地的标准建设，打造体验式"江南水乡文化旅游休闲"为特色的文化旅游品牌。

——长沙铜官窑国际文化旅游度假区：项目总投资14.5亿元，于2014年开建，建设周期2年。该项目将建设成为陶瓷文化配套服务街区，规划采用河、巷、广场、大院的传统机理。

——长沙天心文化产业园：项目总投资434.3亿元，2010—2015年为项目建设期。项目主要建设内容包括：天心阁公园扩建、贾谊故居改造、世界环保文化博览园、方向感国际汽车6S街区、湘园创意文化社区、天心文化创意中心、火宫殿扩建项目、古道巷特色文化产业街区、书院路书院文化景观街、天心区非物质文化遗产展示中心、太平历史文化街区扩建工程、坡子民俗民食街、白沙路茶文化街、解放西路休闲文化街、潇湘晨报—红网现代传播体系建设及运营工程、琴岛演艺新场建设、快乐阳光互动娱乐传媒有限公司芒果游戏平台、天心文化产业园孵化创业平台、中南国家数字出版基地、拓维信息股份有限公司数字动漫平台（省移动）、长沙广电集团影视制作基地建设工程、长沙天心文化产业园区企业数据库及信息交换平台、酷贝拉新馆建设等共计 23 项。

——禹文化产业园：项目总投资 10 亿元，已于 2013 年开始建设，预计 2017 年完成。新建禹文化广场包含由衡阳花鼓戏、皮影戏、木偶戏、稻草龙、手狮等非物质文化遗产构成的文艺节目区、文化纪念品购买中心、生肖区、大禹博物馆、嫘祖殿、农耕文化博物馆、长寿疗养院、"不老神仙居"、香冲水上娱乐中心、李山河水滑道、白石峰攀岩基地、湿地公园、野营体验区、军事文化参观基地、龙井温泉山庄等。在规划期内积极开展科学研究、建立农耕文化、民俗文化、军事文化、科普教育和生态文明基地，充分发挥公园的生态效益、社会效益兼顾经济效益，促进公园的生态文明建设和经济文化发展。

——茶陵县中华茶祖文化产业园：项目总投资 20 亿元。已在茶陵县、石门县完成茶园种植 10000 多亩，高标准茶叶加工厂建成一个、在建三个；茶叶市场一期、茶祖公园年底建成；研发生产的茶祖·三湘红成为湖南红茶第一品牌，获得全国红茶评比金奖，专家认为可与世界顶级红茶相媲美。该项目作为省重点建设项目，由万亩茶叶基地和三个全国之最子项目组成：全国最大茶文化主题公园——中华茶祖公园：规划面积 496 亩，包括茶陵茶史苑、中华茗品园、中华茶史园、中华茶技园、茶祖主题广场、茶祖纪念馆；全国知名茶叶品牌最集中的茶叶展示、交易市场——中国名茶汇：首期规划面积 200 亩，已签约 56 个全国最具影响力的茶企进驻；全国最大、内涵最丰富的茶文化酒店——云阳茶庄园：设计标准为五星级，向社会各界提供一个文化交流、茶品交易、休闲品茗、商务洽谈、茶餐茶宴等活动场所。

——湘瓷文化传承创新与产业化基地建设项目：项目总投资 8 千

万元，目前正在进行工程基础设施建设，厂房主体工程已基本完成。项目在醴陵经济开发区征地50亩，总建筑面积3万平方米，厂房2.4万平方米，构建3层生产车间2幢，科研办公楼1幢。购置设备200台（套）。新建珐琅彩生产线2条，艺术展厅1个，文化交流中心1个。新建佛禅瓷生产线2条，创建禅瓷文化研究中心1个。新建陶瓷釉料生产线2条，新材料研发中心1个。

——齐白石文化生态艺术园：项目总投资2亿元，项目内容为二馆一园四中心，齐白石艺术馆、动植物生态博物馆、精品植物盆景园、艺术交流中心、艺术创作中心、艺术品交易中心、艺术教育培训中心。该项目被列入省"十二五"文化创意产业重点园区第一批园区名录，目前正在开工建设。

——昭山生态文化园：项目总投资4.9亿元，该项目在原有的自然生态人文景观资源基础上，参考5A级景区的相关条件，对昭山风景区深厚的文化内涵进行挖掘，使昭山风景区形成"一心三区、一带两轴"的总体格局，同时将加入文化论坛、书画创作创意、非物质文化遗产的山水演绎等文化品位高、内涵深厚的经营性项目，打造出能使昭山景区的历史文化渊远流长、世代传颂的昭山生态文化园。

——高沙古镇文化旅游产业发展项目：项目总投资1.8亿元，计划在3年时间完成建设，2013年1月动工建设，2016年12月竣工验收并投入使用。项目由上湘公馆传统文化公益剧场项目、非物质文化遗产传统剧目项目、传统国学教育基地项目、生态休闲观光农业园、爱国主义教育基地项目组成。

——常德鸿林坊文化创意产业园建设：项目总投资1.5亿元，规划面积50亩，集竹木工艺品、古典家具开发生产、旅游购物、文化休闲、农事体验、教育培训、文博会展、禅修、户外体验互动等为一体，是融创意、研发、推广民族文化产品的聚集中心和文化创意艺术馆。

——飞天·苏仙大型山水实景演艺综合项目：该项目总投资12亿元，总规划面积380亩，总建筑面积23.98万平方米。主要建设《飞天·苏仙》大型山水实景演艺中心、演职人员宿舍、演员培训中心、动漫影视基地、艺术家创作基地、游客接待中心、游客集散中心、湘南民俗街、水上游乐中心及商业配套区。项目共分两个阶段投资建设。第一期主要建设《飞天·苏仙》大型山水实景演艺中心（包括舞台、观众席）、演职人员宿舍、游客集散中心、游客接待中心、公共停车场等，建设年限为2015年至2017年，用地面积约75亩，总投资3亿元。

——洪江古商城商道文化旅游区项目：项目总投资6亿元，将于2018年全面建成。项目主要包括：核心景区完整性、系统性恢复、公益设施、基础设施建设、绿化及附属配套工程。项目开发内容主要为建设一个集演艺、休闲旅游、餐饮、购物等于一体的风情文化旅游区，项目规划用地1.44平方公里，建设周期为4年。

——武陵山民族文化旅游产品大市场：项目总投资1亿元。项目的主要建设内容有：（1）民族文化旅游产品交易商铺约200间，约8千平方米。用于民族文化旅游产品交易。（2）非物质文化遗产及民族民间文化旅游产品设计、研发、生产作坊约6千平方米。（3）湘西州民族民间工艺品、非物质文化遗产项目展览展示厅，约1千平方米。

四　体制改革持续深入

文化管理体制，关系文化产业管理效能和服务水平，仍是当前改革的重大课题。湖南广播电视台、湖南出版集团和湖南日报报业集团，近年来通过体制改革和机制创新实现了社会效益和经济效益的双丰收。为进一步激活湖南省文化发展的内生动力，湖南省正在全面深化文化体制改革，在2014年11月27日正式印发的《湖南省深化文化体制改革实施方案》中，明确了未来7年的改革任务，共涉及15个大项、60个小项改革任务，为湖南省今后一段时期的文化改革发展规划了路线图，明确了时间表，提出了任务书。2014年年底，湖南又制定了《湖南省省管国有文化企业国有资产监督管理办法》《湖南省省管国有文化企业负责人"双效"业绩考核及薪酬管理办法》等规章制度，明确在省一级组建省国有文化资产监督管理委员会，建立管人、管事、管资产、管导向相统一的文化资产监管体制。核定年度考核目标，加大对省管国有文化企业及其负责人的经营业绩、薪酬管理及内容导向等综合效益考核。

五 服务机制不断健全

鼓励企业用足、用好上级政策，积极服务企业、项目争取各类专项和政策扶持，2015 年，湖南省文化产业引导资金对 21 个文化与旅游、创意设计整合项目、17 个非物质文化遗产生产性保护项目进行了扶持。各地对特色文化产业非常重视。醴陵成立了由市政协主席任组长，三名市委常委和一名副市长任副组长，20 个相关职能部门为成员的文化产业领导小组。文化产业领导小组成立以后，在宏观上进行指导，在重大问题上进行协调，在发展战略上进行研究，在实际工作中进行解难，推出了《醴陵市文化产业发展战略纲要推进计划》，其中一半以上篇幅是关于陶瓷文化产业发展的推进步骤。市委常委会、市政府常务会更是多次专题研究陶瓷文化产业发展。

第三节 发展环境

一 湖南省特色文化产业发展的政策环境

一是政策扶持力度不断增强。在国家层面，2009 年，国务院就讨论并通过了《文化产业振兴规划》。2010 年政府工作报告中强调指出："我们要大力发展公益性文化事业，加快推进文化体制改革，加强公共文化服务体系建设，促进文化产业快速成长，繁荣文化市场。"2011 年文化部出台了《"十二五"时期文化产业倍增计划》，明确"十二五"期间，我国文化产业的产值要倍增发展。党的十八大对扎实推进社会主义文化强国建设作出了专门部署，为文化产业发展注入了强大的动力。仅在 2014 年一年内，我国出台了多个文化产业相关政策，如国务院出台的《关于推进文化创意和设计服务与相关产业融合发展的若干意见》《关于加快发展对外文化贸易的意见》，国务院办公厅出台的《关于印发文化体制改革中经营性文化事业单位转制为企业和进一步支持文化企业发展两个规定的通知》，文化部等部委出台的《关于深入推进文化金融合作的意见》《关于大力支持小微文化

企业发展的实施意见》《关于推动特色文化产业发展的指导意见》
等。政策范围之广、数量之多、密集程度之高、扶持力度之大前所未
有，这表明国家对文化产业发展极为重视，正加速推动文化产业发展
成为支柱性产业，实现经济结构优化升级。2014 年的文化产业扶持政
策承前启后，从某种意义上说，为"十三五"时期文化产业发展方向
奠定了基调。可以说，文化产业已经上升为国家战略，发展文化产业
已经成为各级党委政府的工作重点，作为文化产业的重要组成部分，
特色文化产业发展迎来了历史上的最好时期。省级层面，针对国家出
台的相关政策，湖南省也提出了相应的指导和实施意见。

二是配套优惠措施不断完善。为大力发展文化产业，湖南省委、
省政府明确提出要不断增加对公共文化事业的投入，积极落实税收优
惠政策。2014 年 7 月 17 日，省政府印发了《关于加快文化创意产业
发展的意见》，这是湖南省首次出台全面指导文化创意产业发展的文
件。对引进的国内外著名文创企业总部，给予一次性"以奖代补"资
金支持。对文创产业湘籍领军人物回湘设立总部成绩突出的给予一次
性奖励。对在文创知名企业工作 3 年以上的高层人才来湘创业，给予
创业资金扶持。另外，对于拥有知识产权的原创文化创意项目给予一
定研发资助。对新技术、产品、工艺的研发费用，可在应纳税金中扣
除。被认定为高新技术的文创企业，可减按 15% 的税率征收企业所得
税。企业发生的符合条件的创意、设计费用，执行税前加计扣除政
策。对国家重点鼓励的文创企业产品出口实行营业税免税。

二　湖南省特色文化产业发展的经济环境

一是消费需求不断增长。发达国家的发展经验揭示，人均 GDP 在
1000 美元以下时，居民消费以物质消费为主；人均 GDP 达到 3000 美
元时，居民消费进入物质消费与精神文化消费并重的时期；而当人均
GDP 超过 5000 美元时，居民的消费结构就将转向以精神文化消费为
主的阶段。统计公报显示，2014 年，湖南省居民人均教育文化娱乐支
出 1765 元，同比增长 26%，成为居民消费增长的主要动力和支撑。
2014 年湖南省的人均 GDP 已突破 6000 美元大关，由此可见，湖南省
文化产业需求已较为旺盛，湖南省居民的文化消费需求将驶入不断提

速的快车道。

二是产业发展基础较好。2008—2012 年，文化产业连续 4 年成为湖南省 7 个千亿产业之一。2013 年全省文化和创意产业增加值普查结果为 1354.23 亿元，同比增长 15.2%，高出当年经济增长速度 5.1 个百分点；占 GDP 比重为 5.53%，同比提高 0.22 个百分点。其中国家认定的文化产业法人单位增加值为 1001.34 亿元，比 2012 年国家认定数（804.4 亿元）增加了 24.5%。湖南文化产业法人单位增加值占全国份额由 2012 年的 4.45% 上升到了 4.99%。2013 年全省文化产业法人单位从业人员 93.24 万人，占全省第二、第三产业全部法人单位从业人员（1354.18 万人）的 6.9%，其中从事经营性文化产业的人数为 80.19 万人，占 86%。2013 年全省文化企业资产总计 2710.54 亿元，占全省第二、第三产业全部资产总计（100131.51 亿元）的 2.7%。其中，规模以上文化企业资产总计为 1781.7 亿元，占全省文化企业资产总计的比重为 65.7%，文化企业资产总计中，一半以上资产属文化服务业企业，比重达 52.4%，文化制造业资产比重占 38.5%。在文化部编制的《中国省市文化产业发展指数（2014 年）》中，湖南省跻身前十，在中部省份中位居第一。

三是产业品牌较为鲜明。在文化部、财政部重点鼓励发展的工艺品、演艺娱乐、文化旅游、特色节庆、特色展览等特色文化产业中，湖南省地区特色十分鲜明，在国内外拥有较高的知名度和美誉度，产业发展蒸蒸日上。工艺品方面，浏阳花炮，已成为中国地理标志产品和世界知名品牌。醴陵的釉下彩瓷，尤其是釉下五彩瓷器，瓷质细腻，图案画工精美，五彩缤纷，具有较高的艺术价值和使用价值，在世界享有很高的声誉。湘绣以强调写实、质朴优美、形象生动的织绣风格成为了我国四大名绣之一。文化旅游方面，张家界的山水实景音乐剧《天门狐仙·新刘海砍樵》，盛大而独特，让游客感受最自然的风光，聆听最干净的声音，观望最执着的感情，受到普遍的好评。该节目以独特的风格荣获首届中国国际文化旅游节演出类唯一金奖，被文化部和国家旅游局列入全国首批 35 个文化旅游重点项目名录，2014 年被评为第六批国家文化产业示范基地。《张家界·魅力湘西》

演艺娱乐节目很受游客喜爱，获得了"国家文化产业示范基地""国家文化旅游重点推荐项目""中国文化品牌 30 强""中国十大民俗文化企业""中国旅游演艺票房十强"等美誉。除此之外，不少的特色文化产品和服务也在省内外享有良好的口碑。

四是资本注入提升产业升级。综观先进国家和地区的文化产业发展轨迹，民间资本在文化产业发展中有着举足轻重的作用。在我国，随着改革开放进程的加快，国内市场经济的不断发展，社会文化体制的不断完善，民营资本文化产业这一全新发展的文化产业形态，也必将逐渐成为国民经济的重要组成部分。尽管当前我国经济形势发生了改变，房地产市场景气指数下降，传统制造业上升空间乏力，服务业因为互联网的兴起受到影响，使社会资本急需找到新的出口。但是文化产业因其高成长性正成为各大资本纷纷进入的领域。山西的煤企大举进军文化产业，"地产大鳄"王健林并购 AMC 进军北美电影市场，湖南晟通科技这样的"铝业大亨"也成立了文创研发机构，化工企业广西维尼纶集团有限公司参与投资制作了山水实景演出《印象·刘三姐》，华强、华侨城这样的老牌文化企业更是在全国打造文化主题园区。随着股市、楼市和实体经济景气指数的下调，可以预计，今后一个时期内，文化产业仍将是资本青睐的领域。湖南已和多家银行签署战略合作协议，成立专门的文化旅游投资基金、专业的文旅担保机构，在 2015 年湖南（香港）投资贸易洽谈周上，湖南文化产业获得投资商们的高度关注，11 个传统村落招商，10 个被港粤投资、旅游企业现场"相中"签约，这些都是资本青睐文化产业的具体表现。

五是科学技术注入产业活力。科学技术的发展，正悄然改变传统的发展模式，文化产业的创意属性，使之天生和科技发展结合紧密。科技对文化的交融渗透已经在文化产品的创作、生产、传播和消费的各个层面和关键环节产生了实实在在的影响，催生了一大批极具发展潜力的新兴文化形态和文化业态，并逐步形成了多层次、宽视野、跨行业的崭新格局，甚至"互联网＋文化"已经成为当下文化产业发展的最强音。湖南省在这方面已经有了显著的成效，从早期的红网、华声、金鹰网等新媒体发展，湖南广电、中南出版与华为、腾讯、富士康等的战略合作，动漫领域国家级技术平台建设，到湖南日报报业集团的"无线湖南"移动互联网项目，湖南广电的"芒果TV"独播战略，中南传媒的湖湘文库数字版、红辣椒评论APP、湖湘地理客户端等数字端产品，青苹果数据中心的全民阅读移动平台、城市数字图书馆定制项目等。特色文化产业方面，大型实景演出《天门狐仙》的魔幻技术、湖南烟花设计燃放数码技术的运用等，无不体现了湖南文化产业与科技融合发展、互促共进的活力正在逐渐展现。

六是载体建设初具规模。湖南省特色文化产业基地相继建设，如位于浏阳市的中国花炮文化产业园投资14亿元，由花炮商贸文化旅游区与花炮生产材料制造区两大片区组成，已建成中国花炮产业博物馆、花炮始祖李畋庙、花炮始祖李畋文化广场、花炮文化步行街，其他项目也在建设中。醴陵经开区通过10年的建设，已累计完成投资180亿元，建成面积逾7000亩。目前，该区初步完成总体建设规划，基本形成"一区四园六地"的格局。入园企业230家，其中高新技术企业43家。醴陵·世界陶瓷艺术城、华联火炬电瓷园等一批重大项目进展顺利；蓝思华联陶瓷手机配件项目正式投产，推动传统产业转型升级。园区集聚效应显著增强，产业集聚度达72%，形成陶瓷产业集约配套发展格局。

三　湖南省特色文化产业发展的社会环境

文化产业是以文化为资源来进行生产经营的产业，文化资源犹如文化产业的源头和活水。湖南丰厚的文化积淀、厚重的文化底蕴为文化产业的繁荣蓬勃提供了发展的沃土和有力的支撑。

一是特色文化资源极其丰厚。脱胎于先秦、两汉时期楚文化的湖南文化，随着历史的变迁发展，到了宋朝，湖湘地区文化的繁荣达到了一个新的高度，组合、建构出一种新的区域文化形态。在这二千多年的历史长河中，积淀了丰厚的文化底蕴、流传了无价的文化瑰宝。其历史文化、工艺文化、民俗文化、宗教文化、节庆文化等各具特色、各有所长。这些富集的文化资源蕴藏着无限的经济价值，而目前人民群众对文化消费日益增长的需求，也使得这些流传至今的文化瑰宝有着广阔的市场开发前景。

　　二是消费需求不断提升。随着经济和社会的不断发展，湖南省居民收入水平不断提高，消费需求也开始从物质层面向更高的文化层面迈进，这对湖南省文化产业的发展是一支特效的"强心针"。以2014年的数据为例，湖南省城乡居民人均可支配收入为17622元，与2013年相比增长10.1%；城镇居民人均消费性支出达18335元，同比增长8.7%；恩格尔系数为31.9%，根据联合国粮农组织（FAO）的标准，恩格尔系数在30%—40%为富裕，低于30%为最富裕，由此可见，湖南省城镇居民已逐步进入富裕阶段，并不断向更高层次的富裕水平迈进。

　　三是特色品牌不断叫响。浏阳花炮，已成为中国地理标志产品和世界知名品牌。浏阳菊花石雕被誉为"全球第一"，曾获得巴拿马万国博览会奖牌。醴陵的釉下彩瓷，尤其是釉下五彩瓷器，瓷质细腻，图案画工精美，五彩缤纷，具有较高的艺术价值和使用价值，在世界享有很高的声誉。炎帝陵、神农城等一批以炎帝为品牌的景点、线路成为海内外华人拜谒中华人文始祖的精神家园。"岳州扇"源于明末清初，久负盛名，与苏州扇、杭州扇并称为"全国三大名扇"。岳州窑是湖湘文化的地理标志，是湖南三大名窑之首。《张家界·魅力湘西》《天门狐仙·新刘海砍樵》现已成为知名的旅游演艺品牌，年经营收入均过亿元。在首届中国文化旅游节上，双双进入全国35个重点旅游演艺名录，在湖南省第四届艺术节中分别获得优秀剧目奖和田汉大奖。2015年，张家界天门狐仙文化旅游有限公司又获得国家第六批文化产业示范基地。湘绣以强调写实、质朴优美、形象生动的织绣风格成为了我国四大名绣之一。

第二章　特色文化产业发展中的
制约因素与路径

第一节　制约因素

尽管湖南特色文化产业发展初具规模，但对照产业政策要求和全国先进地区成绩仍有一定差距，主要表现在：产业定位不清晰。湖南不少县市区对特色文化资源缺乏充分的调查和了解，对区域特色产业发展的环境与背景、优势与劣势认识不清，无法对区域特色文化产业发展进行准确定位。文化资源转化步伐不快。湖南特色文化资源积淀丰厚，但很多资源未能针对市场需求进行适度产业化开发，有的处于一种乏人问津、经营不善的境况。重大项目支撑不足。目前在建项目主要为园区、基地类项目，产业类的企业和项目相对较少，招商引资的力度有待进一步加大。特色文化产业链条不够完善，文化资源转化不系统，使部分市场需求得不到满足，部分文化产品却又形不成需求，影响了产业整体的经济效益。

一　特色文化产业定位不清晰

当前，湖南省普遍存在对发展特色文化产业的认识不足、定位不清、政策不明等问题。主要表现在三个方面：第一，将特色文化产业等同于文化产业。文化产业现在已上升为国家战略，发展文化产业成为各级党委政府的工作重点，特色文化产业作为整个文化产业的有机组成部分，依然是作为文化产业的附属在发展，没有"凸"出来。第二，将特色文化产业等同于其他制造业。在文化部、财政部重点鼓励发展的工艺品等特色文化产业中，湖南省烟花、陶瓷、湘绣等特色工艺品是对外重要文化出口产品，在国际市场上也占有不小份额，但是这些产品的文化附加值未得到充分体现，没有"活"起来。第三，将特色文化产业等同于文化事业。特色文化产业与文化事业拥有各自的属性：特色文化产业具有经营性、市场性，而文化事业具有公益性、公共性。在湖南省特色文化产业发展中，二者没有区分开来，许多民族或地方特色的文化产品产业化极为缓慢，一些以政府拨款为主要经济来源的非物质文化遗产经营单位生存艰难，没有"强"起来。特色文化产业定位的不清晰，导致相关政策不明。自 2014 年 8 月《关于推动特色文化产业发展的指导意见》已发布一年，湖南省未曾有相关实施意见或规划出台。周边省份已走在前面：重庆市、广西壮族自治区分别于 2014 年 10 月、2015 年 1 月印发了促进特色文化产业发展的实施意见，意见均对区域特色文化产业发展予以重视，并提出了具体实施意见与保障措施；2014 年，云南省在全国率先制定实施特色文化产业的发展规划。

二 资源优势未能转化为产业优势

在文化部、财政部重点鼓励发展的工艺品、演艺娱乐、文化旅游、特色节庆、特色展览等特色文化产业中，湖南省不乏亮点，如 2014 年在传统经济下行的情况下，湖南省旅游演艺业的代表《天门狐仙》，2015 年上座人数、上座率、门票收入三项指标与 2014 年同期相比分别上升了 4.69%、4.68%、4.86%，但是从整体来看，由于产业政策扶持力度和针对性不强，湖南特色文化资源优势未能形成产业优势，加上特色文化产业的自发性和民间性，企业大都具有规模小、分布散、效益差的特点，产业链不完善，产业集中度低。以邵阳市为例，作为拥有 14 个国家级、21 个省级、79 个市级非物质文化遗产项目的"非遗"大市，蓝印花布、宝庆竹刻、滩头年画、邵阳花鼓剧、祁剧、武冈丝弦等一大批非遗项目极具开发潜力和基础，但目前还未能有效搭建产业发展平台，产业开发氛围和效应明显不足。而天津仅利用杨柳青年画一个非遗项目，年产值就超千万美元。作为国家级非物质文化遗产，河北蔚县仅剪纸这一产业年产值就达 6 亿元，解决 3.6 万多人就业问题。广西博白县民族编织产业在 2012 年即实现产值 20.1 亿元，从业人员达 20 多万人。

三 特色文化资源缺乏有效整合

湖南特色文化资源非常丰富，但总体来看还处于民间的自发集聚状态和产业培育阶段。不少县市区在发展特色文化产业过程中缺乏对区域特色文化资源的整合，无法形成合力、凸显优势，形成特色文化产业集群或产业带。株洲市 1860 家文化创意企业中，家族式小微企业占总数的 95% 以上，达到一定规模档次的企业不足 140 家，文化创意产业增加值过亿元的企业不到 5 家，上市文化企业尚处于空白，缺乏龙头企业的辐射与带动。广西早于 2012 年 11 月就实施了特色文化产业（项目）示范县计划，首批命名 16 个县（市、区）为自治区特色文化示范县（市、区），支持各地实施"一地（县、镇、村）一品"战略，形成一批具有较强影响力和市场竞争力的产品品牌。同时，每年在全区范围内遴选、公布 10 个特色文化产业发展重点项目，符合文化产业发展专项扶持相关条件的，由自治区文化产业发展专项资金予以扶持。

四 缺乏高端创意和技术人才

特色文化资源本身并不能作为消费品进行市场交易，需要架设从资源到商品的通路。随着社会不断发展，人们的生活方式、价值观、审美情趣也发生着变化，文化产品的创意设计需要挖掘出特色文化与时代精神相契合的价值结合点，借助现代性、时尚性的表现形式和科技手段，才能满足现代人的文化消费需求。这些都对创意设计人才、管理人才提出了更高的专业化、复合性的素质要求。然而，目前湖南许多特色文化企业大多由家族企业或家庭式小作坊发展而来，创意设计和管理人才等生产要素稀缺，尤其是在县、乡（镇），复合型的高级文化产业人才十分短缺，致使其产品缺乏创意设计和科技手段支撑，难以与现代审美趣味和市场需求契合。数据显示，2013 年全省规模以上文化和创意产业单位吸纳从业人员 40.38 万人，占全省文化产业从业人员总数的 43.3%，文化创意人才紧缺，文化经纪人才尤为紧缺。

五　区域发展不平衡

2013 年长株潭地区、洞庭湖地区、大湘西地区和大湘南地区文化和创意产业增加值占全省比重分别为 57.8%、16.5%、8.7% 和17%。作为经济发展核心的长株潭地区发展较快,大湘西地区发展相对滞后。特色文化产业亦是如此,长株潭地区,如浏阳、醴陵在产业一体化、规模化、集群化发展等方面已经达到一定的水平,产生了明显的经济和社会效益,而中西部地区特别是经济欠发达的少数民族地区虽然不乏亮点,但总体来看还处于民间的自发集聚状态和产业培育阶段。有些地方政府规划的特色文化产业园区还处于规划蓝图阶段,而且往往对当地财税贡献考虑多,而对产业开发的整体性、一体化等长远价值考虑较少,导致发展后续乏力。相比长株潭地区的特色文化产业发展水平与规模,中西部地区的特色文化资源的多样化程度更高,但企业效益和带动相关产业发展的综合效益还十分有限。可以说,湖南省特色文化资源与产业发展的社会价值和经济效益的巨大潜力还远远没有释放出来。

第二节　路径措施

将湖南丰富的特色文化资源通过市场转化为文化产品,实现文化资源向文化财产的转变,既是湖南省推进文化资源转化中必须破解的重大课题,又是实现文化产业发展的可行路径选择。"十三五"期间,为实现湖南特色文化产业的突破性发展和历史性跨越,必须以弘扬社会主义核心价值观为主旋律,以满足人民群众日益增长的多样性文化产品需求为目标,以湖南省的特色文化资源为依托,以基本产业转型需求和消费市场升级需求为导向,以产业融合和改革创新为动力,进一步提升承载能力、优化环境、集聚关键要素,着力做大产业规模、凸显产业特色、打响产业品牌,加快将特色文化产业打造成为新的经济强力增长点,为湖南经济社会建设再创新业绩。具体来说,要确立一个基本理念,实施两个重要战略,抓好三个关键环节,建立四个重要机制，抓好五件重要实事。

一　确立一个基本理念

文化部、财政部联合发布的《推动特色文化产业发展的指导意见》（以下简称《意见》），对特色文化产业的概念进行了明晰，明确指出，特色文化产业是指依托各地独特的文化资源，通过创意转化、科技提升和市场运作，提供具有鲜明区域特点和民族特色的文化产品和服务的产业形态。《意见》首次将"发展特色文化产业"单独提出来，"特色"成为文化产业的"王冠"上最耀眼的明珠，反映了文化产业政策制定在经济转型升级的宏观背景下进行"精耕细作"的趋势。加快发展特色文化产业，发挥其先发优势和龙头带动作用，是推进文化产业发展的着重点、着力点和突破口。必须确立和秉持"以特求生存、以特谋发展、以特赢市场、以特提升竞争力"的基本理念。以特制胜，特色就是生命力，特色就是竞争力，要利用区域自身的优势和特长，全面体现特殊发展与科学发展的统一，无论产品开发还是产业开发，都应该突出和贯彻这一基本理念。

二　实施两个重要战略

特色文化产业在整个文化产业中是优势产业和重点产业，必须实施特色文化产业先发战略，将其作为优势产业优先发展，作为重点产业重点发展，作为主导产业率先发展。充分发挥其先发优势、先导功能、引领效应和带动作用，这是加快特色文化产业发展的正确的战略选择。建议湖南省参照湖北①的做法，把特色文化产业放到更加突出的位置，强力推进特色产业先发战略，具体实施"群动先发、集群先行""示范先导、精品先亮"方略。

一是"群动先发"，即指长株潭城市群特色文化产业群先导先发。城市群内特色资源开发、特色产业发展和特色文化市场发展实现一体化。群内特色工艺品、特色展览、演艺娱乐先行先发并引领和带动其他特色产业的发展。坚持走创新驱动、科技依托、集约增长之路，群

---

① 杜建国、周艺平、祁国钧、包东波、陈卫军、黄南珊、张艳国、刘保昌、庄春梅：《湖北特色文化资源开发利用的思路与对策》，《江汉论坛》2007 年第 8 期。

内特色文化产业通过内容创新和科技创新而与湖湘文化精神特质相融合，如浏阳—醴陵花炮产业和醴陵的陶瓷产业要在内容创意上下功夫，以凸显湖湘特色，赋予产品更多文化内涵。

"集群先行"，即率先推进和着力发展特色文化的产业群，使其先行先发。注重扶持民营文化企业，促进其向规模化、集约化方向发展，并使其成为县域经济的主体力量。争取到2020年，基本建立符合当地的特色鲜明、重点突出、布局合理、链条完整、效益显著的特色文化产业发展格局，形成几个特色文化产业带，如以醴陵为中心的湘东陶瓷产业带；以浏阳为中心的浏阳—醴陵花炮观赏工艺品产业带；以永兴为中心的湘南有色金属工艺品产业带；以城步六月六山歌节为中心的湘西南特色节庆旅游产业带；以张家界市永定区为中心的湘西文化演艺旅游产业带。

二是"示范先导"，即指建设特色文化产业"示范区"，在全省特色文化产业发展态势较好的地区率先确定和推进，如在长沙浏阳、株洲醴陵等可设特色文化产业示范县。建议参照云南、广西的做法，打造10个特色文化产业示范县（市、区），20个特色文化产业示范村，5个特色文化产业示范街区（市场），50个特色文化产业示范企业。

"精品先亮"，即以工艺美术、文化旅游、特色节庆、演艺娱乐、特色展览5个行业为重点，精心打造一批原创性的拳头产品，并有效进行市场动作，使精品先亮。既要提升原创品位，又要提高市场效益。如工艺美术领域可以把醴陵陶瓷视为精品先亮，围绕陶瓷推出几个项目，即湖南工艺美术（陶瓷）文化产业园、"湖南陶瓷艺术博物馆"主题文化公园、湖南陶瓷交易市场等。

"群动先发、集群先行""示范先导、精品先亮"是实施湖南省特色文化产业发展战略的关节点，同时也是突破口，其所形成的集群效应、拳头效应和示范效应，有利于提高特色文化产业的核心竞争力和可持续发展能力。

三　抓好三个关键环节

特色文化资源是特色文化产业化的基础，在"十三五"期间，全省各地要进一步抓好特色文化资源的整合、保护、开发三个环节，开创新局面，进入新境界。

1. 特色文化资源的优化整合

资源整合是特色文化资源开发的前提条件，必须实施资源整合战略，资源整合的对象内容主要指湖南地域的资源禀赋。第一，必须坚持市场导向，充分发挥国家宏观调控下市场对文化资源配置的基础性作用。通过深化体制改革，使特色资源的配置转向主要依靠市场配置方式和市场机制作用，以有力促进资源配置的合理化和资源整合的最佳化。第二，通过集团化整合和基地化聚集以汇聚特色资源。进一步加强集团化建设，在规模化、集约化经营中实现特色性资源的合理流动和优化整合。积极推进工艺美术业、文化旅游业、演艺业的集团化建设，及早组建湖南工艺美术集团、湘西文化旅游集团。进一步加强基地化建设，特别是大中城市，要充分利用空间化聚集方式实现园区内外特色资源的强势聚合和优势扩张，促进产业集群的资产聚合和资本聚集。第三，以优势产业带动资源整合，如以文化旅游业、特色节庆业、特色展览业带动资源整合，并使资源整合向复合型方向发展。第四，建立多元化的投融资机制，鼓励和吸收民营资本进入文化投资领域，积极参与特色产业项目的开发和特色产品的生产经营。第五，通过结构调整来提高资源整合的效率和效益。积极进行所有制结构调整，大力推动股份制改造和产权改革；积极进行空间结构调整，优化区域特色文化产业的空间布局和突出本地产业特色和产品特色；积极进行产业、行业结构调整，形成优长的特色产业链和有自身优势的主导产业；积极进行产品结构调整，构建品种多样化和功能多向化的特色产品链。第六，重视项目整合，推动组建文化发展投资公司，通过项目招商来整合特色资源。总之，通过多种方式最大限度地实现特色资源的优化配置和有效聚合，有效提高其集中度、转化率和增值量。

2. 特色文化资源的切实保护

首先，要加强特色资源的制度化保护，强调落实保护制度。健全和完善分级分类保护制度，全面考虑特色资源的生成、价值、功能和现状，建立一套有规制标准和规范约束的完整保护体系，强化制度化、规范化保护和管理。分级保护可分为世界级、国家级、省级、市级、县级文化遗产保护以及珍稀、濒危文化遗产保护。分类保护可分为有形的和无形的文化遗产保护等。对于有形的文化遗产要采取切实保护措施，注意建立遗址显示、标示物标示和博物馆（或展示中心）展示等保护方式；对于无形的文化遗产则应建立行之有效的保护机制，采取文字、录音、录像等方法进行记录、储存和整理出版。其次，强化多样化保护方式，完善保护规划和保护措施。对特色资源的保护规划要强调近期性与长远性相结合，资源保护寓于规划管理之中。实施分类保护，建立重要特色文化资源保护区和文化生态保护区；实施重点保护，如对湖南省三处文化遗产地和文化遗产地预备名录建立核心保护区；实施战略性工程保护，如湖南省正在推进民族民间文化保护工程；实施专项保护，如对湖南省入选国家、省市级非物质文化遗产名录中的特色遗产进行专项性保护。加强科学性保护，把科学精神、科学方法与现代高科技手段结合起来，注重资源保护的科学性和效能性；加强法制化保护，将资源保护纳入法制化管理轨道。既要健全和完善文化资源保护的专门性法律法规，又要严明执法和严格监管。还可以对某些入选国家级、省级非物质文化遗产名录的品目申请商标注册加以保护。鉴于县域特色文化保护为薄弱环节，各地应通过实行品牌扶持计划，加快培育一批特色文化的名镇、名村、名园、名品。

3. 特色文化资源的合理开发

湖南特色文化资源必须依靠产业化转化、市场化开发才能更大地发挥其功效作用，市场化开发对特色文化资源的属性与功能的最佳化实现具有关键性作用，必须提高市场开发能力和市场开发效应。进行市场开发与实施精品名牌战略相结合，使精品名牌成为抢占市场先机的制胜武器，要积极培育和推出一批新的特色文化精品名牌，实施"品牌兴湘"战略和"精品名牌扶持计划"。

就开发机制而言，要通过深化体制改革，进一步理顺特色资源的产权和管理权问题，科学处理特色资源属地管理权与部门管理权的关系，大力促进区域、行业和企业之间文化资产的流动重组和优化配置。必须改革现行文化资源开发机制，新建资源产权的分解、组合机制和资源开发收益分享机制。要以产权为纽带，由资源利益主体通过组建规范的股份制开发公司，共同参与特色资源开发，合理分配资源开发利益。必须把握好资源供给与产业发展、资源条件与市场需要、资源转化与产品效益的关系，提高自主开发能力和市场开发效应，通过市场机制实现特色资源向文化资本、文化产品的转化。

就开发途径而言，必须坚持遵循"四化"（专业化生产、品牌化建设、创意化开发、科技化提升）实现途径。强力推进专业化生产，加强"一地（县、镇、村）一品"的特色产业、特色产品建设，使专业化与集约化、高端化相统一，做专、做精、做特、做强；强力推进品牌化建设，以品牌化为制胜之道，积极开发竞争力强、影响力大的特色品牌并形成品牌链；强力推进创意化开发，不断提高前瞻性开发和创新性开发的水平，促进产品链与价值链的统一；强力推进科技化提升，努力提高资源转化和产品开发中的科技水平和科技含量。

就开发方式而言，必须建立行之有效的资源开发保障体系，要求进行科学、合理、有序的资源开发。根据资源环境承载能力和发展潜力，坚持四种开发要求。一是优先开发，资源环境承载力强和发展潜力大的则优先开发；二是重点开发，赋存丰富而产业化前景好的重要资源则重点开发；三是限制开发，资源潜在力和后续力弱、生态环境条件差的则限制开发；四是禁止开发，受特别保护和缺乏资源再生能力的则禁止开发。各地可以根据不同开发要求而把握好开发的规模、速度、质量、效率。各地要注重培育特色资源的承载力和再生能力，按照"谁开发，谁保护""谁受益，谁补偿"的原则，加快建立特色资源生态补偿机制。

四 建立四个重要机制

改革创新是湖南省特色文化产业发展的本质特征。特色文化怕断层、怕平庸、怕守旧不前，如果不进行改革创新，理论之树就会枯萎，创意之花就会凋谢，文化市场就会萎缩。党的十八届三中全会的《中共中央关于全面深化改革若干重大问题的决定》，就对推进文化体制机制创新作出了新的重大战略部署，结合湖南省实际，我们必须建立四个重要机制。

1. 文化管理协调机制

由于原有体制性束缚和制约，当前文化管理体制各自为政、部门分割、多头分治，势必影响和束缚市场经济条件下文化产业（包括特色文化产业）的整体发展，特别是资源整合和市场开发，亟须统筹兼顾解决管理协调问题。在目前尚未建立"大文化"概念的统一管理机构情势下，可以着手构建文化管理协调机制，以解决协作与沟通问题。建议以各文化部门及相关职能部门联席会议为平台，成立特色文化产业协调委员会或促进委员会。建立联席会议制度和构建管理协作机制，统筹规划、部署和统一指导、管理、协调解决特色文化产业、特色文化产业发展中的重大问题和重大事项，有效进行宏观调控、整体部署和推进区域协作，诸如制定中长期规划，确立重大项目、重大举措，设立重要产业基地、先行区、示范区、试验区、保护区，推进横向协作、整体联动等。建立统一有效的管理协作机制和大通关运作机制，加强文化管理的统筹性和科学性。

2. 市场主体培育机制

培育市场主体是这次文化体制改革的四个关键问题之一，而湖南省民营文化企业特别是市县民营文化企业规模不大，成长不快，需要加以着力培育，建立和健全市场主体培育机制。第三次经济普查数据显示，湖南省国家标识的文化产业个体户16.5万户，其中有证照的文化产业个体户4.9万户，湖南省文化个体户队伍庞大。从单位数量上讲，文化服务业是湖南省文化产业的主体。2013年全省文化服务法人单位数为26376家，占全部文化产业法人单位的73.3%，但平均每个单位贡献的增加值仅为110万元，只相当于制造业（1230万元）的8.9%。需要进一步培育、壮大和充分发展服务业，建立和健全市场主体培育机制，一方面，从企业自身来看，要强力推进规模化和集约化发展，强化特色经营、特色产品和特色服务，突出经营特色和管理特色，强化"专、精、特、新"开发方向，加强文化创意和深度开发。另一方面，从政府推动来看，进一步加大引导和扶持力度，完善扶持措施。2014年8月，湖南省出台了《湖南省人民政府关于加快文化创意产业发展的意见》（以下简称《意见》），对推动湖南文化创意产品和服务创新、促进消费升级，对推动产业转型、培育新的经济增长点，对发展创新型经济、转变发展方式具有重要意义。《意见》明确指出，湖南文化创意发展要坚持以创新驱动和转型发展为手段，以创新、融合、提升、开放为主线，突出文化创意环节的开发和拓展，突出数字技术、网络技术和软件技术等现代信息技术的支撑和应用，突出文化创意产业与其他产业的相互渗透和融合发展，努力营造文化创意和科技创新氛围，推动高端创意要素集聚，构建产业特色和品牌，完善产业服务体系，打造具有湖湘特色的文化创意产品生产、经营、服务、运作模式及系列创意产业群。随着互联网和移动互联网的飞速发展，"互联网＋"的产业领域越来越宽，文化产业企业和互联网有先天的亲密度，伴随互联网发展，将有大量新兴文化业态和文化企业产生，成为新型的文化市场主体。政府必须高度重视、正确引导、为我所用，使之成为中华文化走向世界的最高效、最便利、最有传播效果的载体。

3. 政府引导优化机制

特色文化产业既是新兴产业，又是一个需要扶持的产业。对于湖南特色文化产业来说，市场化的资源配置机制尚未完全建立起来，骨干文化企业的数量还相对偏少。特别是由于文化资源尚未与资本市场实现有效对接，文化企业的规模和竞争力还有待提高，因此，在充分发挥市场在资源配置中的决定性作用的同时，政府的引导机制也必须得到优化。要围绕推动特色文化产业成为重要支柱产业的发展战略，坚持以市场为导向，以促进特色文化产业结构优化、资源整合、提质改造和外向发展为主攻方向；充分发挥湖南省文化产业引导资金的扶持、导向和带动作用，促进湖南省特色文化产业提高产业创新力和核心竞争力；充分发挥引导资金的拉动作用，激励企业加大投入，吸引更多的社会资本进入特色文化产业领域。

4. 文化传承人保护机制

民族民间文化艺术传承与发展关键在传承人，文化遗产存活于传承人的文化记忆和技艺之中。现在一些身怀绝艺的"老艺人"大多年事已高，技艺濒临失传，传承成为当务之急而刻不容缓。湖南省要积极推进文化传承人保护机制，对濒临失传的民族民间文化进行抢救性保护，对年事已高的传承人进行抢救性保护，加快培育新一代艺术传人。各市县要依照统一要求，在全面盘点、认真排查的基础上，有序开展传承人申报工作。对每一位传承人候选者（民间文学讲述者、民间艺术传承者、民间工艺美术家）进行全面调查、资料整理、建立档案，设置图文影像数据库进行数字化存录。经过专家评审委员会对候选者作出科学定性、全面评价和认真评选，然后进行审批、命名和表彰。对于优秀民间艺术家和突出贡献者授予"民间艺术大师"或"民间文化杰出传承人"荣誉称号；给予一定的经济补贴，改善和提高其生活待遇；鼓励和支持其带徒传艺，创造条件组织其讲课授徒；提供活动平台（如举行民间艺术赛事活动、开展绝艺绝技表演等），使其充分施展技艺才能，对其优秀成果举办展示、展演、展览，扩大其社会影响；组织专家学者对传承人的文化传承和艺术成就进行学术研究、系统总结。以对传承人保护和命名活动为契机，建立长效的传承机制和科学的传承体系，以确保文化记忆和技艺得以有效地传承延续，以使日渐式微的民间瑰宝重焕生机重放异彩。

五　抓好五件重要实事

1. 制定规划，描绘特色文化产业发展蓝图

要在充分挖掘、整理、提炼地域特色文化资源的基础上制定科学发展特色文化产业的规划，可以借鉴湖南省发改委亲自参与城乡一体化规划试点，由湖南省文化厅牵头在全省范围内选取3—5个县进行特色文化产业规划纲要编制的试点工作。规划要确定特色文化产业的总体布局和发展重点，要与地方经济社会发展规划相协调、与地方的经济发展相衔接、与城镇建设和新农村建设相配套，争取到2020年，基本建立符合当地的特色鲜明、重点突出、布局合理、链条完整、效益显著的特色文化产业发展格局，形成几个特色文化产业带。参照云南、广西的做法，打造10个特色文化产业示范县（市、区），20个特色文化产业示范村，5个特色文化产业示范街区（市场），50个特色文化产业示范企业。

2. 搞好认定，发挥特色文化产业园区和基地示范效应

先试行省级特色文化产业区和基地的动态认定，对有影响力的特色文化产业聚集区和有典型带动作用的特色文化企业开展省级认定。下一步还要实施特色文化产业区县、乡镇、街道认定。通过认定，给做得好的地方和企业授牌子、给面子，并实施政策和机会的倾斜。市州文化部门也可参照省厅做法开展市州级认定。

3. 建好档案，掌握特色文化产业动态信息

开展特色文化产业信息库建设。信息库又分三大门类，即特色文化企业名录库、特色文化项目库、特色文化人才名录库。从省到县都要予以实施。鼓励符合条件的企业申报"国家特色文化产业重点项目""国家文化出口重点企业""国家文化出口重点项目"等相关项目。在实施过程中，还要注意信息的及时更新。为争取国家和省里的相关支持奠定基础，为招商引资提供条件。

4. 做好项目管理，带动当地文化产业整体提升

文化产业的发展，是一个一个的项目支撑起来的。大项目、好项目决定着文化产业发展的后劲、质量和潜力。各地要立足当地实际，加快培育和引进具备带动效应的大项目，以项目带动当地文化产业的整体提升。一是做好项目储备论证。目前文化资源产业开发"全面开花"的现象比较严重，要加强项目的规划设计和评估论证工作，对文化产业项目进行科学规划、合理设计，将符合当地实际、符合产业政策扶持方向、投入产出比率较大的项目纳入文化产业项目库，并做好项目规划，做到有备而用。二是抓好项目落实管理。项目在谋划、对接之后，下一步还需做好相关推进工作。要力争项目签约一个、落地一个，确保项目落地率和资金到位率。同时，要改革项目管理办法，加快建立项目目标管理责任制，健全项目招投标机制，完善评估咨询工作机制，加大社会效益考核权重，改革完善扶持资金审核和拨付方式，从项目的论证、筛选、立项到实施，层层明确管理责任，制定奖罚措施，严格考核兑现，切实解决项目推进方面的困难和问题。

5. 搭建平台，壮大特色文化市场主体

一要搭建投融资服务平台。要开拓思路，千方百计帮特色文化企

业破解"融资"难题，要加强与银行、担保等金融机构的交流合作，探索著作权、文化品牌等无形资产评估和质押办法，协调金融机构对文化企业给予贷款支持。二要搭建人才队伍建设平台。一方面，要加强本地人才的培养，借助省内文化产业研究机构、大专院校的力量，定期开展文化产业知识讲座、专家把脉文化企业、院校对接产业基地、举办文化产业高级人才沙龙等形式来培养人才；另一方面，要引进和留住人才。进一步完善人才评价发现、选拔任用、流动配置、职称评审等激励保障机制，形成人才聚积"洼地"，吸引和留住专业人才。三要搭建中小微企业孵化平台。要鼓励建立特色文化中小微企业创业孵化服务机构，为企业提供政策咨询、步骤指导、发展导向等信息服务。为具有一定原创性、技术性、发展潜力的企业提供财政资金支持。在引导产业园区发展和建设的过程中，要着重加强园区对于中小微企业的孵化功能建设。四要搭建宣传推介平台。要高度重视聚合宣传媒体资源，特别是要善于利用新媒体资源，懂传播、善传播；要制作好本地特色文化项目投资指引和文化产业宣传片，集中展示本地区文化产业的优势项目和产业形象；要借助各种平台，特别是重大活动、展会和节庆，走出去，请进来，大力宣传推介湖南省特色文化企业和文化产品，着力提高"湘"字号文化产品在市场的软性竞争力。

第三章 特色文化产业统计指标体系建设

第一节 文化产业统计工作发展概况

文化产业具有收入弹性高、增值幅度大、资源节约、环境友好、劳动密集等特性，因此成为新时期各国战略的重点。第二次世界大战以后，西方文化产业发展较快，伴随着文化产业的发展，西方国家文化产业的统计指标体系也得到了改进，既使用能够测量一般产业的通用财务统计指标，又加进了能够表现文化特征的指标要素。在一般产业统计指标的基础上，分别出现了兰德里创意城市指标体系、"3Ts"欧洲创意指数以及美国 TECH – POLE 指标框架等。

1986 年，联合国教科文组织（UNESCO）集合了 20 多个国家专家制定了世界上第一个国际性的文化统计框架，此后几年，各国专家对于文化统计框架中部分指标设置进行了反复论证并于 1993 年进行了修改，最终形成了后来各国家（地区）文化统计工作的指导性文件。但随着科技的进步，尤其是以数字化和互联网为代表的新传媒技术的发展，文化的地位正在逐渐发生变化。因此，为了适应新环境的变化建立一个涵盖范围更广、内容更完整的文化统计框架，UNESCO在 2009 年进一步完善了文化统计框架（见表 3 – 1）。新框架把文化看成社会或社会群体共同认可执行的一整套独特的精神、物质、智力和情感特征，这就表明文化不仅包括文学艺术等表达形式，还包括不同的生活方式、聚居方式、价值体系等。因而，许多国家都选择采用该定义，或者在此基础上给出了本国对于文化的定义。

表 3 – 1　　　　《UNESCO 2009 年文化统计框架》涵盖的领域

文化领域						相关领域	
A. 文化和自然遗产	B. 表演和庆祝活动	C. 视觉艺术和手工艺	D. 书籍和报刊	E. 音像和交互媒体	F. 设计和创意服务	G. 旅游业	H. 体育和娱乐
①博物馆（包括虚拟博物馆）②考古和历史遗迹③文化景观④自然遗产	①表演艺术②节日、展览会、庙会	①美术②摄影③手工艺	①书籍②报纸和杂志③图书馆（包括虚拟图书馆）④图书博览会	①电影和视频②电视和广播（包括互联网直播）③互联网在线播放④电子游戏（包括网络游戏）	①时装设计②平面造型设计③室内设计④园林设计⑤建筑设计⑥广告服务	①包机或包车旅行和旅游服务②食宿招待和住宿	①体育②身体锻炼和健身③游乐园和主题公园④博彩
非物质文化遗产（口头传统和表现形式、仪式、语言、社会实践）						非物质文化遗产	
教育和培训						教育和培训	
存档和保护						存档和保护	
装备和辅助材料						装备和辅助材料	

资料来源：*The 2009 UNESCO Framework for Culture Statistics*。

进入 21 世纪，我国文化产业的统计工作得到各级政府的重视，基本实现了中央、省、市、县四级统计，统计指标多以财务指标为主，如资产、负债、权益、增长率、利润率等，同时兼顾从业人数、机构数、产出数等社会指标。同时，客观上实行了"事业"与"企业"的双重标准。为明确产业归属，2004 年国家统计局出台了《文化及相关产业的统计分类》，按关联性把文化产业分为文化服务和相关文化两大部分，共九大类，这九大类分属核心层、外围层、相关层或延伸层，从而形成了文化产业的宏观分类标准。2005 年国家统计局制定了《文化及相关产业统计指标体系框架》，按照该框架，文化产业统计指标包括财务状况指标、业务活动指标、从业人员指标及补充指标四类。其中财务状况指标和业务活动指标是指标体系的主体，用于反映文化产业活动的基本状况；从业人员指标用于反映文化产业从业人员的基本情况；补充指标用于反映政府和居民对文化的投入和需求等外部影响状况。与此同时，有些地方根据当地的特点制定了一些具有地方特色的指标体系，如香港"5C"创意指数、上海综合加权创意指数、南京文化产业新标准（2011 年）等，这在一定程度上反映了中国文化产业测量指标体系建设的进步。

2012 年 6 月，国家统计局对 2004 年的文化产业分类体系进行了修改，在坚持原来分类方法的基础上，进行了类别结构调整，增加了与文化活动相关的创意、新业态、软件设计服务等内容和行业设计小类，减少了一些不符合文化及相关产业定义的类别。由于新兴文化业态不断涌现，很难区分哪个行业为核心层或相关层，所以新分类把文化产业分为文化产品生产活动、文化产品辅助生产活动、文化用品生产活动和文化专用设备生产活动四个方面，不再使用"三层制"。其中文化产品的生产活动构成文化及相关产业的主体，其他三个方面则是文化及相关产业的补充。在纵向上，新体系仍然实行"五级制"，第一层包括两大部分（即文化产品生产、文化相关产品生产）；第二层包括 10 个大类；第三层包括 50 个中类；第四层包括 120 个小类；第五层为小类下设置的延伸层，这样就形成了"四横五纵"的分类体系。新的分类反映了我国文化产业发展的新特点，同时能与联合国教科文组织制定的《UNESCO 文化统计框架 2009》更好地衔接。在统计指标方面，2012 年体系仍然沿用四类指标体系，即财务状况指标、业务活动指标、从业人员指标、补充指标，标准层级是"五级制"即五级指标体系，这样就形成了"四类五级"的指标体系框架。

第二节 必要性和重要性

文化产业统计指标体系不仅仅是一个统计工具，某种意义上也反映了一个国家或区域的文化产业政策，带有很强的导向性。它的建立和完善不仅仅是统计工具和方式的调整，对于区域文化产业发展目标的合理确定、区域文化产业政策的科学化和完善化以及区域文化产业的可持续发展意义重大。

一　特色文化产业已上升为国家和区域发展战略

特色文化产业具有独特的人文价值和经济价值，发展特色文化产业对深入挖掘和阐发中华优秀传统文化的时代价值、培育和弘扬社会主义核心价值观、优化文化产业布局、推动区域经济社会发展、促进社会和谐、加快经济转型升级和新型城镇化建设具有重要意义。2011年以来，党的十七届六中全会通过的《中共中央关于深化文化体制改革、推动社会主义文化大发展大繁荣若干重大问题的决定》《国家"十二五"时期文化改革发展规划纲要》《文化部"十二五"时期文化产业倍增计划》等文件，都强调要加快发展具有地域特色的文化产业，并明确指出要"发掘城市文化资源，发展特色文化产业，建设特色文化城市"。尤其是2015年文化部等部委出台的《关于推动特色文化产业发展的指导意见》，是贯彻落实党和政府相关政策的具体举措和进一步细化，国家再次从战略层面对特色文化产业的发展思路与方向做出了重要思考和重点部署，表明国家对特色文化产业发展极为重视，适应了特色文化产业发展的要求。为深入对接文化部、财政部出台的《关于推动特色文化产业发展的指导意见》精神，2015年，湖南省文化厅联合湖南省社会科学院完成了《湖南特色文化产业发展路径及对策研究》年度重点研究课题，课题的智库成果专报得到分管副省长李友志的高度关注和重视，并为此作出重要批示。《湖南省"十三五"时期文化改革发展规划纲要》提出"十三五"期间，全省将构建"一核两圈三板块"的文化产业发展格局，推进四大板块差异化、特色化发展。到2020年，力争实现文化创意产业总产值7500亿元，增加值突破3000亿元，占GDP比重达到7%。这些均为特色文化产业政策制定和意见出台起到了重要的推动作用。

二　我国文化产业统计指标体系亟待完善与更新

早在2004年，国家统计局和有关部门在相关课题调研的基础上发布了《文化及相关产业分类》，首次从国民经济统计的角度对我国文化产业的分类和统计范围进行了规定。这份分类标准以及随后发布的文化产业年度统计数据，基本摸清了我国文化产业的总规模，为政府和企业的决策提供了基本的数据支持。但是，随着我国文化产业的不断发展，相关的分类标准及统计中存在的问题也日益突出。首先，文化产业统计并没有进入日常统计的序列，因此，有关数据的发布只能等到进行国民经济普查的年份，根据普查数据将已经统计好的其他产业的数据进行归总，再得出文化产业的相关数据，这无法适应文化产业瞬息万变的发展情况。其次，随着文化产业的发展，核心层、外围层、相关层每一层具体包括的产业门类应作出适当的调整，比如原来大多划分在相关层的文化产品制造业，在近年来其产业规模有极大的增长，而且其生产和销售与作为文化产业核心的内容生产有着密不可分的关系，但将其划分在外围层，使得对这部分文化产业门类的认识不到位，对其相关政策支持也长期不到位。另外，三层的提法及其开放性使得有些地方在文化产业统计分类体系中，将软件服务业等均纳入了文化产业的范畴，如此一来，文化产业几乎是刚刚被"发现"就成了支柱性产业。最后，由于并没有进入日常统计的序列，国家统计局的这套分类标准并没有在全国范围内实施，造成全国各省区市都有各自的文化产业分类标准和统计指标体系，并直接造成了多地文化产业统计口径的不统一。

三　湖南省特色文化产业潜力巨大，但相关统计指标体系尚未建立

湖南省拥有丰富的特色文化资源，拥有世界级影响的文化资源6项（处），其中世界非物质文化遗产3项、文化遗产地和文化遗产地预备名录3处；国家级影响的文化资源有400项（处），其中，全国重点文物保护单位183处、国家大遗址7处、国家考古遗址公园4处、国家级历史文化名城3个、国家级历史文化名镇5处、国家级历史文化名村8处、中国传统村落72个，国家级非物质文化遗产保护项目118个；省级影响的文化资源达1164项（处）。这些文化资源不仅是经济社会发展的物质文化财富，更是特色文化产业发展的坚实基础和创意源泉。2015年，全省文化和创意产业实现增加值1707.18亿

元，占 GDP 比重达 5.9%，比 2012 年提高 0.6 个百分点，"十二五"期间年均增长 15.6%，连续 3 年进入全国文化产业发展十强。目前全省文化和创意产业法人单位达 4 万多家，其中规模以上文化企业 2502 家，比 2012 年增加 1407 家。但同时，具有湖南特色的文化产业统计指标体系尚未建立，仍然沿袭 2012 年国家制定的分类标准，这与湖南省作为特色文化资源和产业大省省份"不相匹配"。当前，湖南省文化产业面临着建设支柱性产业的战略目标，又处在"十三五"的关键发展时期，制定最新的统一的文化产业统计标准和分类体系，并使其进入日常统计的序列，已经刻不容缓。唯有如此，才能够掌握各地区文化产业发展的真实水平，也才能使扶持和推动文化产业发展的决策更为科学，并制定更为科学合理的发展目标。

第三节　构建思路

在文化产业统计指标体系设置上，西方国家的基本特征可概括为"产业通用财务指标 + 文化特征指标"，中国的基本特征是"国家指标 + 地方指标"。西方国家的文化产业统计指标体系突出了文化产业的本质和内涵，中国的文化产业统计指标体系则强调了文化产业的类型和特征。相对来说，前者更具科学性，后者更具实用性。本书以西方国家的文化产业统计指标体系为参考，结合我国和湖南实际，探索地方（主要指市级和县级）在文化产业统计指标体系建设中的思路。

一　文化产业基本范畴与统计内容

依据 UNESCO 的《文化统计框架 2009》、国家统计局《文化及相关产业分类（2012）》等权威文件，并根据文化产业的发展原则和主要特点，本节将文化产业分成三大部分：第一部分，以精神消费为直接目的、大多以版权为主要存在方式的行业。包括音乐及表演艺术业、视觉艺术业、动漫及游戏业、手工艺及古董业、数字内容（包括网络文化）。第二部分，为其他行业提供创意服务的行业。包括产品设计（建筑设计、视觉传达设计、时尚品牌设计）、节庆会展、咨询服务。第三部分，与旅游、体育、教育等相关的行业。包括文化旅游、体育休闲、文化设施应用以及其他经相关机构认定的行业等。这个统计指标体系可以概括为"N+1"体系。其中，"N"为 National Index 的简写，意为国家指标；"1"为最后 1 项，即地方特色文化产业，希望纳入统计口径，但须经相关机构认定。另外，如果一个传统产品的市场价格有超过 40% 以上的增加值来自创意、品牌、设计等带来的文化附加值，那么这个传统产品的增加价值部分就可以归类为文化产业收入（如古典家具）；如果一个传统企业的营业收入超过 40% 来自文化产品的销售收入，那么这个企业也可以归类为文化企业。

　　文化产业的统计数据要包括文化产业企业数、营业额（包括总收入、外销收入、内销收入以及具体行业的数据）、附加价值（营业额－生产投入）、GDP 增加值、就业人数等，以及一些重要的微观数据、结构数据。指标体系的统计范围放在与人民群众文化娱乐生活最直接相关的文化艺术、广播影视、文物博览、旅游休闲等活动，以及与之有关的文化产品的生产、流通和服务领域。对统计上尚无数据来源的部分，如确属必要，也纳入体系之中。当然，随着文化产业的发展和管理模式的变化，目前文化产业统计所界定的内容也将会不断变化和拓展。

　　二　特色文化产业统计指标体系构建原则

　　（1）科学合理原则。科学合理原则是指特色文化产业统计指标应该反映文化产业的本质和特征。科学性体现了指标内容的客观性，合理性是指指标之间的关系或指标体系结构具有科学性，及其能够满足人们需要的程度。西方国家的文化产业指标体系表现了该产业的共性和特性，表现了文化产业的产业性和文化性，是我们进行指标体系建设的重要参考。

　　（2）方便决策原则。特色文化产业统计指标设置的目的既然是为政府决策服务，那么在指标体系建设上就应该以方便决策为原则。具体而言，就是在内容上要增设一些对政府决策有重要意义的指标项（中项、小项），在形式上要以尽可能简单明了的方式展现出来。

　　（3）完备性原则。指建立的指标体系要从多角度、多层面、全方位地反映区域文化产业的总貌，能够对文化产业作出完整的划分和全面的覆盖。在空间上要成为一个系统，包括文化产业的各个行业门类；在时间上要作为一个有机整体，对文化产业进行连续的动态的描述。

（4）统一性原则。指特色文化产业统计指标的设置和指标的含义应当与国家保持一致，以便统计活动有统一的规模和标准。统计指标既要便于纵向比较，也要便于横向比较；既可用于省内区域之间、与其他产业之间、文化企业之间的比较分析，也能同其他省份的文化产业、企业进行对比。

（5）可操作性原则。指所提出的指标体系具有现实性，对其指标值可以进行测量，所要求的数据资料能够及时、完整、准确地取得，计量评价上要简便易行。

（6）前瞻性原则。文化产业是新兴产业，尤其是伴随信息技术的高速发展，文化产业必将发生深刻变化，出现新的产业形态，所以文化产业指标体系要具有开放性和前瞻性，便于衔接与拓展。

三 特色文化产业统计指标体系构建思路与要求

（1）要全面反映文化产业的发展状况。指标体系要立足于客观描述文化产业产品的生产、流通和服务的全过程，反映文化产业的资源现状、总体规模、水平、结构、对国民经济增长的贡献以及文化产业发展和文化体制改革的进程。

（2）要适应湖南省文化产业发展的现实需要。建立文化产业统计指标体系要突出"实用性""目的性"和"客观性"。要根据湖南的省情，充分考虑目前文化产业的"公益性"和"事业性"与一般产业的较大差异。所建立的文化产业统计指标体系要有利于湖南省文化的发展，促进湖南省文化产业单位走向市场，参与竞争，加快湖南省文化产业化的进程。

（3）要实行"统一"下的"特殊"制度。地方须遵循国家的统一标准，即2012年文化产业分类标准和"四类"指标体系框架。国家的分类标准是定性的，地方可在此基础上依据自身实际制定科学的定量标准，使分类更具科学性和可操作性。国家的统计指标体系突出了文化产业的产业性，但对文化性强调不够，地方政府可以在国家统一的体系框架下（四类指标），根据本地的发展需要，适当增加一些指标。变化的指标应在二级以下，具有较强的文化性，并能适应政府部门决策和区域经济发展的需要。但是，地方政府不能制定一套与国家指标体系有重大区别的指标体系，更不能以地方指标体系替代国家指标体系。

（4）在统计上要区分文化产业和文化事业。文化事业主要用于满足基本的社会精神需要，主导社会文化的发展方向。在市场经济条件下，一些文化事业单位已经或正在或将要转换成文化企业。一般认为以经营性为主的文化单位适合转化成文化企业，同理，文化事业单位中的经营性成分也应按市场化方法运作，相关的经营性活动也应列入文化产业统计之中。鉴于产出指标中的"社会效应"存在量化困难问题，本书认为可从就业人数、参与人数、感染力、满意度等方面构建，这样做有助于政府部门在比较其经济效应的前提下，给予一些社会效应较强的文化企业（如艺术演出等）以一定的政策优惠。

（5）要以收入和增加值为核心，重点反映文化产业的经营规模、运营效益。增加值是国内生产总值（GDP）的同度量指标，将收入和增加值作为湖南省文化产业统计核算的核心指标，有助于与国民经济核算体系相接轨，以反映文化产业总量规模、发展水平以及对整个国民经济的贡献力，也有助于与其他产业和文化产业内的各行业进行同度量的对比分析。

（6）要增加"文化扶贫"指标项。文化扶贫是扶贫政策的新趋势，这主要源于文化产业环境友好（低能耗、轻微污染或无污染）、进入门槛低（资金、技术、规模等要求较低）、市场潜力大（具有较大的潜在需求）、容纳就业能力强（适用于社会各层人员就业）、产业关联度高（易于向其他产业渗透和扩散）以及收益高、风险小的基本特征。对于湖南省而言，特色文化资源丰富地区基本也是经济发展能力较弱的老少边穷地区和扶贫开发地区，把"文化扶贫"列为统计指标既有助于分析文化扶贫的作用，又能调动地方政府推进文化扶贫的积极性。本书建议在一般统计指标的基础上，增加"政府财政投入"和"贫困人口减少"指标，以展现文化扶贫的效果。

第四节　指标体系

对区域文化产业的现状和发展过程进行统计监测，可利用统计指标体系开展以下两方面的工作：一是用一般描述性统计方法得出区域文化产业及行业的总量、规模、速度、结构、效益、行业对比及对国民经济的贡献等多方面的信息，以此来反映区域文化产业状况、揭示文化产业发展趋势和规律。二是用多指标综合评价技术或多元统计分析方法，对区域文化产业整体、行业和产业活动单位进行多角度无量纲综合评估，得出区域文化产业综合发展水平、文化产业竞争能力高低的结果，进行地区、行业和产业单位之比较分析。

一　指标体系编制说明

为全面反映湖南省特色文化产业的情况，指标体系从财务状况、业务活动、就业人员和补充指标四个方面对特色文化产业进行描述。其中财务状况指标和业务活动指标是指标体系的主体，用于反映文化产业的基本活动特点；就业人员指标用于反映文化产业从业人员的基本情况；补充指标用于反映政府和居民对文化的投入和需求等外部影响状况。

1. 财务状况指标

旨在反映特色文化企业和单位的资产、收支和经营状况。财务状况指标按文化企业和单位执行的会计制度及财务状况指标内容设计，以系统反映文化产业经营和收支状况，同时满足增加值核算的需要，是指标体系的核心内容之一。

2. 业务活动指标

旨在反映文化产业主要业务活动的状况和规模，是特色文化产业统计指标体系的主体。业务活动指标按《文化及相关产业分类》规定的行业顺序排列，以部门的职责范围和现行统计制度为基础，力求全面反映文化产业活动的全貌，并尽量贴近部门管理工作实际。

3. 就业人员指标

旨在反映文化产业就业人员的数量、素质和结构情况。除就业人员总数外，还反映就业人员的性别、文化程度和专业技术人员状况等。

4. 补充指标

反映政府财政对文化事业支出、文化产业投资和居民文化消费支出情况。同时，结合湖南省特色文化资源分布现状和文化扶贫的现实要求，增加文化扶贫专项指标。

二 湖南省特色文化产业统计指标体系构建

以 UNESCO 的《文化统计框架 2009》、国家统计局《文化及相关产业分类（2012）》等为基础，本书结合理论分析、战略分析及背景调查情况，同时借鉴国内外已有的研究成果，先从原始指标中筛选出关联性较强指标，然后通过专家咨询、公众参与方式初步确立统计指标，并根据湖南省文化产业发展实际情况补充、调整，最后完善成正式的指标体系。指标体系共包括四个层次：第一层包含四个指标，分别为财务状况指标、业务活动指标、就业人员指标和补充指标；第二层包含 15 个指标，部分指标进一步细化为三级指标，部分指标直接细化为四级指标；四级指标是指标体系的最后一层，共有 68 个，是上级指标的具体体现（见表 3 - 2）。

三 湖南省特色文化产业评价指标体系构建

1. 特色文化产业统计指标体系构建

文化产业的发展是多种因素共同作用的结果，因此评价的指标体系也应该是一个全面、准确、科学的多因素多层次系统。本书首先统计了文化产业发展报告、论文中出现的高频指标，然后定性分析湖南省文化资源和文化产业发展的历史、经济、人口等各方面特点，融入了具有湖湘文化属性的评价指标，在前述研究的基础上，构建的湖南文化产业发展综合评价指标体系如表 3 - 3 所示。指标体系从文化产业生产因子、消费因子、环境因子 3 个层次展开，设置了 9 个二级评价指标和 34 个三级评价指标，力求充分体现湖南文化产业发展的地域特色，客观反映湖南文化产业发展状况和水平，体现湖南省文化产业发展的潜力。

表 3 - 2　　　　　　　　　　湖南特色文化产业统计指标体系

一级指标	二级指标	三级指标	四级指标
财务状况指标	特色文化产品生产企业	总产值与增加值	总产值
			增加值
		收入及利润	主营业务收入
			营业利润
			利润总额
	特色文化产品流通企业	固定资产	固定资产
		收入及利润	主营业务收入
			营业利润
			利润总额
	特色文化服务企业	固定资产	固定资产
		收入及利润	营业收入
			营业利润
			利润总额
	执行行政事业单位会计制度的文化单位	收入合计	财政补助收入
			事业收入
			经营收入
			其他收入
业务活动指标	文化艺术服务	艺术创作、表演及演出场所	艺术表演团体数
			艺术表演演出场次
			艺术表演观众人次
			艺术表演场馆数
			艺术表演座席数
			艺术场馆演出场次
			艺术场馆观众人次
		文化保护和文化设施服务	少数民族自治县（乡）数
			文物保护单位数
			非物质文化遗产数
			博物馆数
			文物藏品及保管品数
			文物保护单位、博物馆展览次数

续表

一级指标	二级指标	三级指标	四级指标
业务活动指标	文化艺术服务	文化保护和文化设施服务	文物保护单位、博物馆参观人次
			烈士纪念建筑物数
			纪念馆数
			纪念馆藏品数
			烈士纪念建筑物、纪念馆参观人次
		群众文化服务	群众艺术馆数
			文化馆数
			文化站数
			农村集镇文化中心数
			基层文化示范点个数
	文化娱乐休闲服务	旅游文化服务	旅行社数
			自然遗产数
			A 级旅游景点数
			出入境旅游人数
			国内旅游人数
			旅游景点接待游客人次
		娱乐文化服务	游乐园数
			占地面积
			接待游客人次
	其他文化服务	文化艺术商务代理服务	机构单位数
		文化产品出租与拍卖服务	机构单位数
		广告和会展文化服务	专业广告公司数
			会展机构数
			会展场馆数
			可供展览的场馆面积

续表

一级指标	二级指标	三级指标	四级指标
就业人员指标	年末就业人员数		女性人数
			大专以上文化程度人数
			专业技术人员人数
			具有专业技术任职资格人数
	按年龄分组的就业人员数		按年龄分组的就业人员数
	年平均就业人员数		年平均就业人员数
补充指标	文化事业政府财政支出总额		文化事业政府财政支出总额
	社会资本对文化产业的投资总额		社会资本对文化产业的投资总额
	居民文化娱乐消费支出额		居民文化娱乐消费支出额
	居民旅游支出额		居民旅游支出额
	文化扶贫效果		政府文化事业支出中文化扶贫支出额
			文化扶贫收入增加值
			文化扶贫人数

注：特色文化旅游及艺术演出等项目营业收入放入财务状况指标部分，为避免重复，业务活动指标中未体现。

表 3-3　　　　湖南省特色文化产业统计指标体系

一级指标	二级指标	三级指标
文化产业生产因子	文化资源	省级以上文物拥有量
		民间艺术、工艺品等知名品牌数
		非物质文化遗产数量
		红色文化资源数
	产出水平	人均文化产业总产值
		人均文化产业增加值
		人均年末固定资产净值
		文化产业机构数
		文化产业从业人员数

一级指标	二级指标	三级指标
文化产业生产因子	经济效益	资金利税率
		产值利润率
		百元固定资产实现增加值
		增加值增长率
	社会效益	地区经济贡献率
		地区经济拉动率
		第三产业就业贡献率
	可持续发展潜力	文化产业高级职称从业人员每百万人数量
		文化产业 R&D 资金投入效率
		高新技术采用率
		每年国际文化交流次数
文化产业消费因子	需求规模	艺术演出、文物展馆参观人次
		人均文化娱乐用品和服务支出
		人均文化娱乐用品和服务支出占总支出比重
		文化产业投资需求项目数
	市场化程度	图书杂志音像出版、艺术演出营业收入
		城镇居民文化消费比重率
		城乡居民文化产品消费弹性系数
文化产业环境因子	政府行为	文化事业平均财政与上级补助
		颁布的与文化产业发展有关的政策法规数
		民营文化产业融资专项资金支持额
	相关产业	文化艺术类大专以上院校数量
		年度旅游收入
		餐饮娱乐业的年产值
		移动电话覆盖率

2. 特色文化产业评价统计指标体系的综合评分方法

为了反映湖南省不同时期、不同区域和不同行业特色文化产业的综合发展水平，就必须计算整个指标体系的综合分值，即特色文化产业综合评价指数。本书采用层次分析法（AHP）和专家打分法相结合的方法构造判断矩阵，进行综合评价，具体步骤如下：

第一，构建层次模型

对不同区域、不同时期、不同行业特色文化产业的发展水平进行综合评价，需要构造出层次结构模型，其中目标层 A 为最优的文化产业发展区域、时期、行业；准则层 B 为待选区域、时期、行业的生产因子、消费因子、环境因子；方案层 D 为待选的区域、时期、行业。

第二，构建两两判断矩阵

假定以某目标元素 A 为准则，通过向专家询问在原则 A 下两个元素 B_i 和 B_j 之间的优劣比较，构造判断矩阵 B_{ij}，其形式为：

$$\begin{bmatrix} A & B_1 & B_2 & B_3 \\ B_1 & b_{11} & b_{12} & b_{13} \\ B_2 & b_{21} & b_{22} & b_{23} \\ B_3 & b_{31} & b_{32} & b_{33} \end{bmatrix}$$

其中，b_{ij} 表示对 A 来说，B_i 和 B_j 的相对重要性的数值体现，通常 b_{ij} 的取值为 1，2，…，9 以及它们的倒数，数值的含义如表 3-4 所示，b_{ij} 满足：

$$b_{ij} > 0; \quad b_{ji} = \frac{1}{b_{ij}}; \quad b_{ii} = 1$$

表 3-4 b_{ij} 数值的含义

1	两元素同等重要
3	两元素相比，一个元素比另一个元素稍微重要
5	两元素相比，一个元素比另一个元素较为重要
7	两元素相比，一个元素比另一个元素重要
9	两元素相比，一个元素比另一个元素非常重要
2、4、6、8	介于两相邻重要程度之间

为了构造判断矩阵，邀请湖南省社会科学院、湖南大学、湖南师范大学等单位的 10 名专家对判断矩阵进行打分，并取 10 个人的打分

均值作为判断矩阵的最终分值。

第三，计算层次单排序

计算判断矩阵的最大特征根 λ_{max} 和对应的经归一化后的特征向量 $W = [w_1, w_2, \cdots, w_n]$，所求特征向量 W 为本层次元素相对于上一层次元素的排序权值。λ_{max} 和 W 的计算方法如下：

（1）将判断矩阵中元素按行相乘：$\prod\limits_{j=1}^{n} b_{ij}(i = 1, 2, \cdots, n)$

（2）计算 $\overline{w_i} = \sqrt[n]{\prod\limits_{j=1}^{n} b_{ij}}$

（3）将 $\overline{w_i}$ 归一化之后的 $w_i = \dfrac{\overline{w_i}}{\sum\limits_{j=1}^{n} \overline{w_j}}$，$W = [w_1, w_2, \cdots, w_n]$ 为所

求特征向量；

（4）计算最大特征值 $\lambda_{max} = \sum\limits_{i=1}^{n} \dfrac{(BW)_i}{nw_i}$，$BW_i$ 表示向量 BW 的第 i

个元素。

第四，判断矩阵的一致性检验

（1）计算一致性指标，式中 n 为判断矩阵的阶数；

$$C.\,I. = \frac{\lambda_{max} - n}{n - 1}$$

（2）查找平均随机一致性指标 $R.\,I.$；

（3）计算一致性比例 $C.\,R.$，当 $C.\,R. < 0.1$ 时，一般认为判断矩阵的一致性是可以接受的，否则应该修改矩阵使之符合要求。

$$C.\,R. = \frac{C.\,I.}{R.\,I.}$$

第五，计算各元素的组合权重，进行层次总排序

从上到下进行层次总排序，最高层的层次单排序就是它的总排序，假设层次 C 相对于层次 B_i 的单排序结果已知为 $c_1^i, c_2^i, \cdots, c_n^i$，$B$ 的组合权重已知为 b_1, b_2, b_3，若 c_j 与 b_i 无联系，则 $c_j^i = 0$，$\sum\limits_{j=1}^{n} b_j = 1$。那么，$C$ 层元素 c_j 的层次总排序为：

$$c_i = \sum_{i=1}^{m} b_i c_{ij}$$

第六，评价层次总排序的一致性检验

$$C.I. = \sum_{i=1}^{m} a_i C.I._i, R.I. = \sum_{i=1}^{m} a_i R.I._i$$

$$C.R. = \frac{C.I.}{R.I.}$$

当 $C.R. < 0.1$ 时，一般认为判断矩阵的一致性是可以接受的，否则应修改矩阵使之符合要求。指标权重的最终结果如表 3 – 5 所示。

表 3 – 5　　　　　　　　　指标体系中的指标权重分配

一级指标	二级指标	三级指标
文化产业 生产因子 （0.40）	文化资源（0.20）	省级以上文物拥有量（0.25）
		民间艺术、工艺品等知名品牌数（0.30）
		非物质文化遗产数量（0.30）
		红色文化资源数（0.15）
	产出水平（0.15）	人均文化产业总产值（0.20）
		人均文化产业增加值（0.20）
		人均年末固定资产净值（0.15）
		文化产业机构数（0.20）
		文化产业从业人员数（0.25）
	经济效益（0.20）	资金利税率（0.25）
		产值利润率（0.25）
		百元固定资产实现增加值（0.25）
		增加值增长率（0.25）
	社会效益（0.20）	地区经济贡献率（0.40）
		地区经济拉动率（0.30）
		第三产业就业贡献率（0.30）
	可持续发展潜力 （0.25）	文化产业高级职称从业人员每百万人数量（0.25）
		文化产业 R&D 资金投入效率（0.30）
		高新技术采用率（0.30）
		每年国际文化交流次数（0.15）

续表

一级指标	二级指标	三级指标
文化产业 消费因子 (0.40)	需求规模 (0.55)	艺术演出、文物展馆参观人次 (0.30)
		人均文化娱乐用品和服务支出 (0.25)
		人均文化娱乐用品和服务支出占总支出比重 (0.15)
		文化产业投资需求项目数 (0.30)
	市场化程度 (0.45)	图书杂志音像出版、艺术演出营业收入 (0.40)
		城镇居民文化消费比重率 (0.30)
		城乡居民文化产品消费弹性系数 (0.30)
文化产业 环境因子 (0.20)	政府行为 (0.70)	文化事业平均财政与上级补助 (0.40)
		颁布的与文化产业发展有关的政策法规数 (0.20)
		民营文化产业融资专项资金支持额 (0.40)
	相关产业 (0.30)	文化艺术类大专以上院校数量 (0.20)
		年度旅游收入 (0.40)
		餐饮娱乐业的年产值 (0.20)
		移动电话覆盖率 (0.20)

注：指标得分为 10 名专家打分均值，取小数点后两位。

　　特色文化产业作为一个新兴产业，已突破单一的文化产业领域，渗透到国民经济的各个层面，影响到生产经营的各个环节，它能助推经济发展方式转变，加快产业升级，推动精准扶贫，提升产业层级，广泛扩大就业、提高地区的核心竞争力。作为我国和湖南省成长中的国民经济重要产业，特色文化产业的发展日益受到普遍关注，而特色文化产业的发展战略、政策和规划，也越来越得到政府部门的高度重视。

　　本书在前人研究的基础上，以 UNESCO 的《文化统计框架2009》、国家统计局《文化及相关产业分类（2012）》等文件为基础，结合湖南特色文化资源基础、文化产业的发展现状以及未来发展的趋势，从财务活动指标、业务活动指标、就业人员指标和补充指标四个方面构建了湖南特色文化产业统计指标体系。该统计指标体系的建立，对湖南省政府管理部门和文化产业部门及时、准确地跟踪特色文化产业的发展，进行产业分析与监测，科学准确、积极稳妥地对文化创意产业进行整合、调控，促进其发展，具有重要的参考价值。之后，在前人研究的基础上，结合湖南文化产业发展实际，构建了湖南特色文化产业评价指标体系，利用层次分析法（AHP）和专家打分法相结合的方法确定了指标权重。通过对指标体系的量化评分，可以显示湖南省特色文化创意产业综合发展水平。借助不同区域、不同行业指标体系的综合得分，可以为各级政府管理部门进行区域比较分析和综合考核提供客观依据。

第四章　文化产业扶贫的认知与现状

2013 年，习近平总书记在湖南湘西考察时首次作出"精准扶贫"的重要指示，其后，在 2015 年，习近平总书记在中央党校县委书记研修班学员座谈会上提出，要帮助贫困地区群众提高身体素质、文化素质、就业能力，坚决阻止贫困现象代际传递。2015 年，杜家毫同志在湘西扶贫调研时强调，要深入贯彻落实习近平总书记关于扶贫开发的系列重要讲话精神，按照"四个切实"要求，做好精准扶贫各项工作。2016 年 5 月省政府印发的《"十三五"时期湖南贫困地区公共文化服务体系建设规划纲要》（以下简称《规划纲要》）提出，力争到 2020 年，贫困地区文化服务能力和水平有明显改善，群众基本文化权益得到有效保障，基本公共文化服务主要指标接近全省平均水平，文化在提高贫困地区群众科学文化素质、促进当地经济社会全面发展方面发挥更大作用。由此，文化精准扶贫成为全省扶贫攻坚战的重要任务。

第一节　文化精准脱贫的认知

湖南省的扶贫工作具有开展时间早、扶贫项目分散等特点。长期以来的扶贫工作实践表明，各级地方政府并没有充分认识到文化扶贫的重要性，没有把文化扶贫工作真正落实到实践中去，文化扶贫工作仍游离于扶贫工作体系之外，仅仅作为一些扶贫项目零星展开，由此带来扶贫不彻底、返贫率较高等问题。由此，从贫困的根源，即文化角度出发，加大扶贫力度，重点对贫困地区的文化进行改造，加快对贫困居民固有习惯、风俗、心态及价值理念的解构与重构，加大对特色文化产业的扶持等措施，将成为从根本上实现扶贫工作从治标向治本转变，促进贫困地区的经济结构变迁的必由之路。对于促进贫困地区面貌发生明显变化、脱贫工作取得显著成效，打赢全省扶贫攻坚战具有决定性的作用。

一　文化精准脱贫是一种崭新的现代脱贫理念

根据湖南省文化扶贫的工作经验，早期的文化扶贫工作多集中在"送知识、送技术"的"文化即知识"层面，而对于贫困地区的价值观念、思维方式、文化习俗等更深层次的文化内涵少有涉及，但实际上，文化精准脱贫是一种崭新的现代脱贫理念。首先，文化精准脱贫是向传统农耕文化下求稳守成的生产方式说不，湖南省有着悠久的农业文明传统，小农经济在贫困地区占绝对统治地位，进而形成"求稳守成"的农业文化心态，使得贫困地区居民形成极易满足的维持简单再生产的现状、缺乏扩大再生产的能力和动力，而文化脱贫是对传统守成文化的否定，倡导不怕失败、不甘失败的拼搏精神，是新经济形式对全省农村扶贫工作的必然要求。其次，文化精准脱贫是向贫穷落后的消费、生活方式说不。文化贫困必然使小农经济下民众目光短浅、视野狭窄，导致强烈的宿命感、无助感和自卑感，而文化精准脱贫在于改变小农经济铸就的"俭苦自持、尚力轻智"的生活观念，代之以"消费促进生产、重智轻力"的生活理念，从而能推动形成更加积极乐观的生产生活方式。最后，文化精准脱贫是向小农经济下的依附人格说不，贫困并不可怕，可怕的是面对贫困的麻木和坦然，文化精准脱贫呼唤人从对人的依附关系中解放出来，以平等、自由身份进行市场活动，塑造市场经济需要的独立个性，促进贫困地区的市场经济成长和发展。

二　文化精准脱贫的要义在于对贫困文化的改造

贫困不仅仅是一种单一的经济问题和一堆能勾勒出社会经济图画的统计指标，更是一种心理状态和一种社会文化现象。对于贫困群体而言，如果不能全面改造他们的贫困文化，特别是陈旧的观念和落后的价值观，就不可能实现贫困地区的真正发展。从全省现有的扶贫发展实践看，特别是武陵山区的扶贫实践发现，传统扶贫开发的高投入并没有带来高效益，投入与产出之间脱节严重，投入仅停留在资金物质政策等外化层面，"输血"并没有成为"造血"，开发式扶贫还没有真正实现，其根本原因在于没有抓住扶贫的文化根基。因此，根治贫困首先要完成对思想观念的精准"扶贫"，即从贫困的主体——"人"入手，走文化扶贫之路，精准定位贫困地区，精准帮扶扶贫对象，精准提升文化素质，向扶贫对象输入新的文化、知识和价值观念，传授适用科技，培育特色文化产业，从整体上提高贫困群体的素质，将物质和政策输入转变为内生发展力，让贫困群体利用自己的双手和大脑，变当地的潜在财富为现实财富，从根本上走上扭转贫困的正确道路。

三　文化精准脱贫的重点在于将资源优势转化为产业优势

在区域文化产业中，县域特色文化产业是一个重要组成部分，具有产业链长、辐射面广、群众参与性强、投资见效快、资金回收周期短等特点，如天津仅利用杨柳青年画一个非遗项目，年产值就超千万美元，河北蔚县仅剪纸这一产业年产值就达 6 亿元，解决 3.6 万多人就业问题，据统计，全国 2853 个县级行政区，大都具有独特的文化产品和文化品牌，也能产生较好的经济效益，对拉动贫困地区的发展起到了积极作用。因此，对湖南省贫困地区而言，依托县域特色文化资源，大力发展特色文化产业，进而形成区域性特色文化产业集群是当前县域发展文化产业的合理路径，也是贫困县域尽快走出贫困困境的重要措施之一。

湖南省发展特色文化产业优势明显，潜力巨大。全省有较深厚的历史文化、地域文化和人文文化底蕴，也涌现了一批代表性的文化名人，如历史文化方面有古代的王夫之等，近代的曾国藩、张之洞，维新人物谭嗣同等，辛亥志士黄兴，红色文化代表人物毛泽东、刘少奇、徐特立、彭德怀、杨开慧等。地域文化有湘剧、花彭戏、武陵戏等，且湖南是一个多民族省份，有汉、土家、苗、侗、瑶、白、回、壮、维吾尔等 50 多个民族，全省 14 个地州市，122 个县、市、区都有少数民族人口，在长期发展过程中，均形成了不同的文化内容和文化形态。人文文化方面，湖南的国际影响力也在不断扩大，"广电湘军""出版湘军""演艺湘军"和"动漫湘军"在国内外的知名度越来越高，为更多贫困地区发展文化产业提供了较好的载体，也为更多的贫困地域文化走出去提供了支撑。

全省的贫困地区如武陵山片区、罗霄山片区等"老、少、边、穷"贫困地区是全省历史文化、红色文化、民俗文化等非常丰富的集聚地，拥有"一地一品"式的特色文化资源，如驰名中外的"神秘大湘西"文化旅游品牌，永顺老司城遗址、凤凰区域性防御体系、侗族村寨（通道、绥宁）、怀化的古城古镇古村、江永女书、江华瑶文化、罗霄山区红色文化等。在这些地区充分挖掘、整理和利用好本地区的文化资源，把自然禀赋和文化资源优势转化为竞争优势、经济优势和发展优势，将成为地区由文化大县向文化强县转变，增加县域实力、竞争力和源泉活力和潜力的重要支撑。

四　文化精准脱贫的基础在于完善公共文化基础设施

文化扶贫的根本目的在于改善贫困地区的生产生活水平，培养贫困群体积极向上的心态，在这个过程中，公共文化基础设施作为抽象文化与具象个体之间的载体，发挥着重要作用。但随着湖南扶贫力度的不断加大，贫困地区公共文化服务建设起点较低、欠账多、基础薄弱等问题逐渐暴露，由此导致大部分群众业余生活单调，逐渐丧失了精神家园。

因此，为贫困地区所有的社会成员提供均等的公共文化产品和服务，改善贫困地区文化设施，规范文化设施建设，让更多的人享受现代文化成果，进而改善城乡文化资源分布不平衡现象，对推进全省扶贫工作向"造血"式转变，促进全省加快进入小康社会将发挥重要的积极作用。

第二节　湖南省文化扶贫的现状

湖南省地处中国中部，地理上相对封闭，一方面，千百年积淀的湖湘文化赋予了湖南人一种经世济用、敢为人先、自强不息的精神特质，让湖南人在文化产业的认识和实践上先行一步，较快地推动了文化事业的改革和文化产业的发展，形成了全国著名的"电视湘军""出版湘军""社科湘军"。基于文化扶贫的基本思想正在被各级政府官员广泛接受，文化扶贫的重要性也变得更加突出，在贫困群体的"内生"脱贫能力建设等方面取得了大量成就。另一方面，湖南偏远的贫困地区由于信息不畅，文化与外界缺乏交流，也导致了社会停滞不前，文化脱贫工作仍然面临大量困难。

一 湖南省文化脱贫取得的成就

1. 贫困地区的文化环境得到有效改善，脱贫自信心逐步增加

一是随着社会主义核心价值观的宣传普及，全省脱贫的文化动力不断增加。贫困也是一种心理状态和一种社会文化现象，对于贫困群体而言，大力弘扬社会主义核心价值观，全面改造他们的贫困文化，特别是陈旧的观念和落后的价值观，是实现贫困地区真正发展的根本选择。基于此，湖南省文化扶贫工作始终高度重视社会主义核心价值观在文化扶贫中的决定性功能，在实践中不断加大对先进文化的宣传，通过各种渠道，将社会主义核心价值观嵌入广大贫困群体的思想之中。如首开全国先河，将社会主义核心价值观融入广场舞，既丰富了基层群众文化生活，也为基层百姓的文化需求提供了更多的正能量。全省广大贫困地区也不断加大对先进文化宣传，在偏远村镇，通过制定实施村规民约，开创了崇善向上、勤劳致富、尊老爱幼、诚信友善、邻里和睦等文明乡风，通过移风易俗活动，形成了健康、文明、生态的生活方式和行为习惯。通过"两学一做"等教育活动，提高了扶贫干部的党性修养和为民服务水平。通过思想引领、文化引领的作用，贫困群体主动参与脱贫的积极性不断提高，更多的人利用自己的双手和大脑，从根本上走上了扭转贫困的正确道路。

二是公共文化服务体系的建设不断取得新成绩，脱贫的文化支撑不断增强。文化扶贫的根本目的在于改善贫困地区的生产生活水平，培养贫困群体积极向上的心态，在这个过程中，公共文化基础设施作为抽象文化与具象个体之间的载体，发挥着重要作用。2015年，全省启动了现代公共服务体系示范区创建工程，14 个省级示范创建区对照创建标准，大力推进公共服务体系建设，走出了湖南特色，形成了一批可供借鉴和复制的经验成果。怀化洪江区已形成政府主导、社会广泛参与的工作格局，协同推进了现代公共文化服务体系的建设，已建成乡（街）综合文化站 1 个，社区（村）文化活动中心 9 个，文化广场 6 个，图书室及农家书屋 29 个，多个文化活动中心在全市推广交流活动中受到广泛关注和群众一致好评。邵阳、郴州等市也都出台了《关于加快构建现代公共文化服务体系的实施意见》，为加快构建体现时代发展趋势、符合文化发展规律、适应当地特色的现代文化服务体系提供了强大的精神动力与文化支撑。各地区也通过不断增加贫困地区公益性文化投入力度，从顶层设计上明确市级、县级、乡镇（街道）、村（社区）文化设施的基本配置内容，切实加强了贫困地区图书馆、乡镇文化站、村文化室等基础设施建设。通过加大对贫困地区公共文化服务体系的建设力度，将群众日常生活和喜闻乐见的文化艺术形式融入公共文化服务基础设施，一方面满足和丰富了贫困地区群众的精神追求和文化生活，另一方面也潜移默化地使贫困个体受到社会主义核心价值观的熏陶，增加了文化自信，为脱贫致富提供了精神支撑。

三是加强了对现代文化观念的引导与建构，为脱贫注入了文化活力。贫困地区文化观念重建是一项庞大的系统工程，涉及贫困人口生产生活方式的完善与进步，关系到物质文明、精神文明、政治文明、社会文明和生态文明等方面的建设。全省主要贫困地区主要从两方面进行了现代文化观念的引导和建构，一方面从乡风文明建设中重建现代文明的价值载体，全省近年来大力加强了农村精神文明建设，推进文明乡风培育，各市州结合地方特色，从环境治理、文化发展、民风培育等方面建设美丽乡村，成效显著，如郴州汝城古祠堂将家族对后人的教育有机融入祠堂文化中，常德临澧县编写了《农村环境整治知识》系列读本，澧县通过"村村响"工程，广播每月进行两次以上的集中宣传，益阳沅江以诗词文化促进了文明乡村新风。另一方面以生活化的文化建设模式重建了区域文化价值，通过加强文化建设，提高群众精神层面的收益，提高群众的主观福利，让群众在收入缓慢增加的同时，感受到一种获得感，如 2012 年，湖南省文化馆就积极筹建了全省各地市艺术馆文化志愿者服务队伍，成立了湖南文化志愿者群文支队，并组织开展了"文化惠民进万家"湖南文化志愿服务基层主题系列活动。这些活动让群众共享文化发展的成果的同时，全民素质也得到大幅提升，为脱贫工作注入了新的活力。

2. 贫困主体文化素质不断提升，脱贫致富能力明显增强

一是精准贫困主体的文化素养水平得到显著提高。省内大量的调研事实表明，陷入贫困不能自拔者多为从事体力劳动的文盲或半文盲，文化素养水平不高是导致贫困的重要原因。对此，全省不断加大教育支出力度，努力提高贫困人口的文化素养，为扶贫攻坚打下了坚实的基础，到 2015 年，全省教育支出达 928.5 亿元，增长 11.4%。农村中小学公用经费、城区中小学免学费的生均补助标准分别提高到800 元、600 元，集中连片特困地区农村义务教育学生营养改善补助标准由每人每天 3 元提高到 4 元，建立了从学前教育到研究生教育阶段全覆盖的家庭经济困难学生资助政策体系①，与此同时，2015 年全省具备科学素质公民的比例达到 5.14%，超额完成了国家及湖南省"十二五"公民具备科学素质比例超过 5% 的目标任务，为广大贫困人口脱贫清除了思想上的桎梏。

二是贫困主体的思想观念得到精准转变。文化扶贫是侧重于文化思想观念的"精准扶贫"。总结湖南省部分地区多年来的扶贫开发实践，不难发现，要想根治贫困，对贫困主体——"人"的思想观念展开"精准扶贫"不可或缺。在湖南省武陵山片区的扶贫工作中，相当长时期内，扶贫总被认为是简单的分钱给物，"等、靠、要"思想普遍存在，现代思想观念严重缺失，但花垣县十八洞村扶贫工作人员通过连续下村，反复做村民思想工作，告诉他们必须依靠勤劳的双手自力更生，依靠自己改变命运，并通过向扶贫对象输入新的文化、知识

① 《关于湖南省 2015 年省级决算草案和 2016 年上半年预算执行情况的报告》，http://www.hunan.gov.cn/topic/hnzfxxgk/czzj/sjczyjs/yjsbg/201611/t20161108_ 3444815.html。

和价值观念,传授适用科技,培育特色文化产业,将物质和政策输入转变为内生发展力,改变了该地区贫困群体对待贫困的态度,使该地区稳步走出了贫困的阴影。由此可见,以精准扶贫为核心的扶贫攻坚运动,本质上是一场在思想观念和工作方式上解放生产力的革命,其带来了贫困群体命运的历史性大转折,并在消除贫富分化的同时,也激发了贫困人口脱贫活力。

三是贫困主体的劳动技能得到精准培训。"授人以鱼"不如"授之以渔",要打赢扶贫攻坚战,教会群众致富本领是关键。对此,省人力资源和社会保障厅、省财政厅 2015 年下发了相关通知,明确至 2020 年,在湖南省列入武陵山片区区域发展与扶贫攻坚规划和罗霄山片区区域发展与扶贫攻坚规划的 43 个县(市、区)中实施劳动力素质提升培训计划,43 个县(市、区)中,城乡未继续升学的应届初、高中毕业生,免试免费到省内技工院校接受全日制技工教育,享受国家给予的生活补贴,不再另外给予培训补贴。法定劳动年龄内,有劳动能力和就业(培训)愿望的城镇登记失业人员、农村劳动者、毕业年度内未就业高校毕业生,参加人社部门直接组织或所在企业组织的短期技能培训,给予补贴。另外,《湖南省精准扶贫实施方案》指出,省农业广播电视学校及贫困地区农广校要针对主导产业扶贫,开发一批"实际、实用、实效"教程,开展创新创业教育培训,每年在贫困地区选择 3000 名创新创业致富带头人,积极开展农村实用人才培训,以湘西州、怀化市为重点,每年定向培训 800 名农村致富能手。各贫困地区通过广泛开展"三个一批"活动,充分发挥技能培训在促进贫困人口脱贫工作中的积极作用,将提高贫困地区居民素质能力转化为脱贫的内生发展动力,扶贫工作取得了良好效果。

二 湖南省文化扶贫面临的主要困境

1. 贫困覆盖范围广,文化扶贫工作任务重、难度大

截至 2014 年,湖南省仍有 2 个贫困片区、51 个国家和省级扶贫工作重点县,其中共有 8000 个贫困村,596 万建档立卡贫困人口,贫困村和建档立卡贫困人口遍布全省各个县(区)。长株潭 3 市贫困村数量和贫困人数相对较少,3 市共计贫困村 344 个,占全省的 4.3%,

贫困人口 44 万,占全省的 7.41%。邵阳、怀化和湘西州贫困村和贫困人口数量位居各市(州)前 3 位,3 市共计贫困村 3710 个,占全省的 46.38%。从空间上看,如图 4-1 所示,武陵山片区和罗霄山片区等"老、少、边、穷"地区仍是贫困人口最为集中的地区,其中武陵山片区共有 31 个县市为贫困区县,罗霄山片区有 7 个贫困区县,吉首、永定区等 8 个省级扶贫开发工作重点县,洪江市和鹤城区两个比照省扶贫开发工作重点县以及 1 个比照省扶贫开发工作重点县的管理区,即怀化市洪江区。

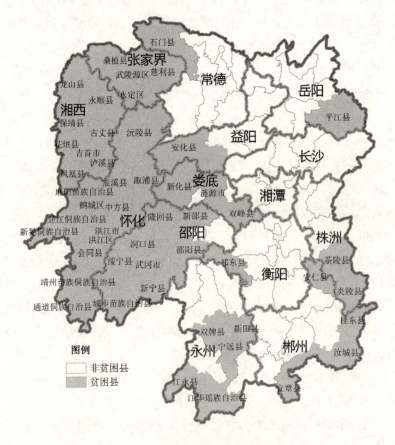

图 4-1 湖南省贫困县的空间分布

尽管国家对武陵山片区的扶贫工作已有 20 多年历史,通过各种渠道和方式对武陵山片区投入了大量的扶贫开发资金，仅湘西州自"八七"扶贫攻坚以来就先后投入资金 50 亿元以上，但调研发现，武陵山部分地区返贫率达 10% 以上，高的年份甚至达 20%，高出全国平均水平近 10 个百分点。回顾该地区扶贫开发方式，文化扶贫力度不够是返贫率高和返贫现象不断重演的更深层次原因，而文化扶贫又是一项复杂的系统工程，具有历时长、见效慢等特点，从扶贫的文化根源上看，全省扶贫工作已进入"啃硬骨头"、攻坚拔寨的关键阶段。

2. 贫困人口受教育程度低，文盲、半文盲较多

省内大量的调研事实表明，陷入贫困不能自拔者多为从事体力劳动的文盲或半文盲，而大部分脱贫致富者均从事第二、第三产业，受过一定教育，且具有一定文化知识。据全省 2010 年人口普查资料，如图 4-2 所示，全省 6 岁以上人口中未上过学的人口 201.22 万，占 6 岁以上人口的 3.31%。其中，长沙市 6 岁以上人口占比为 1.08%，为 14 个地市州最低，其次为湘潭 1.98%，武陵山片区 6 岁以上人口占比最高，其中湘西州达 7.10%，张家界市达 5.69%，怀化市达 5.19%，邵阳市达 4.02%，永州市达 3.68%。另外，全省共计文盲人口 175.44 万，其中贫困村和贫困人口最集中的地区也是文盲比例最高的地区，湘西州文盲人口占 15 岁及以上人口比重达 7.2%，为全省最高，张家界市为 5.76%，怀化市为 5.76%，邵阳市为 4.12%，永州市为 3.7%，常德市为 3.69%，衡阳市为 3.56%，郴州市为 3.53%，均高于全省平均水平 3.24%，此外，全省 15—19 岁的文盲人口有 7879 人，20—24 岁文盲人口 12634 人，25—29 岁文盲人口 12391 人，30—49 岁文盲人口 121210 人[①]。

大量文盲、半文盲青壮年贫困劳动力的存在导致两方面后果：一是长期受贫困文化熏陶，贫困人口缺少向上的动力；二是受教育机会少，贫困人口无法适应新技术革命，从而具有较弱的就业竞争力，两者反馈又会导致贫穷的进一步加深，形成贫困的代际传递，以致贫困

---

① 资料来源：湖南省统计信息网。

人口摆脱贫困步履维艰。

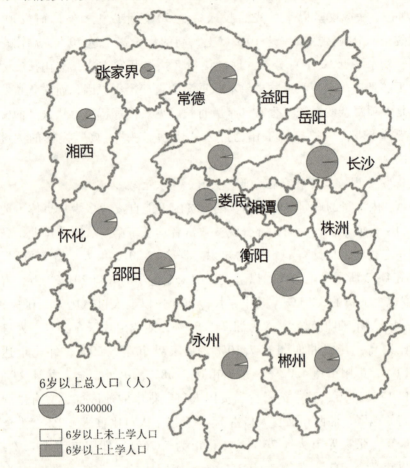

图4-2 湖南省各地级市6岁以上未上学人口所占比重（%）

3. 公共文化服务体系建设基础较差，贫困人口生活质量不高

一是湖南省公共文化建设基础较差，2014 年，全省文化事业费为
16. 26 亿元，占全省财政支出比重 0. 32%，略低于全国平均水平；人
均文化事业费 24. 14 元，低于全国平均水平 18. 51 元，全国排名第 27
位，平均每万人拥有公共图书馆建筑面积 56. 74 平方米，低于全国平
均水平 33. 3 平方米，全国排名第 31 位；人均群众文化业余活动专项
经费 1. 73 元，低于全国平均水平 0. 96 元，全国排名第 20 位。

　　二是全省广大贫困地区，如武陵山区、罗霄山区等区域存在公共文化建设起点低、欠账多，基础薄弱，基层公共文化建设存在投入分散、重复建设与设施闲置浪费问题，张家界市公共图书馆藏书量共220千册，占全省比重的0.91%，娄底市有线电视入户率仅为21.20%，低于全省平均水平22.61个百分点，湘西州广播综合人口覆盖率仅为74.42%，低于全省平均水平19.06个百分点。武陵山区部分文化馆陈旧落后，图书馆年久失修，有的乡镇基层文化站破败不堪，文化人才奇缺，有的地区即使政府投资兴建了一些现代体育设施如乒乓球台、篮球场等，也无人问津，农家书屋常年大门紧锁，无人管理，利用率低。

　　三是贫困地区居民的公共文化生活乏善可陈，如对石门、桑植、沅陵等县的调研表明，看电视是居民主要的业余文化生活，每天看1—3个小时的多达81%，参加过民族文化活动的仅为3%，在乡镇文化活动中心参加过文艺体育活动的只占2.5%，在村级图书室借阅过书籍的只占1%，多达80%的农民闲暇时间在小卖部、茶馆打牌消遣。"衣食不用愁，处处小洋楼，田地不用兴，处处麻将声"成为大部农村地区公共文化生活的写照。

　　4. 思维方式陈旧落后，进取心不足

　　湖南省广大贫困地区存在几种典型的消极价值观：消极无为、听天由命的人生观；安贫乐道、得过且过的幸福观；小农本位、重农轻商的生产观；懒散怠惰、好逸恶劳的劳动观；血缘伦理、重义轻利的道德观；不求更好、只求温饱的消费观；方术迷信、崇拜鬼神的宗教观；老守田园、安土重迁的乡土观；多子多福、重火旺盛的生育观点。

　　保守的思想也导致文化对于贫困经济发展的推力不足，属于有文化但无文化产业，有传统但无创意创新的发展现状，统计发现，全省大部分贫困地区年均旅游人数低于100万，旅游收入占GDP的比重低于5%，全部贫困县旅游收入占全省旅游总收入比重约为20%左右。进而陷入"缺少特色文化产业的推动→地区财力受到限制→文化基础设施建设受限→居民思想观念陈旧→贫困进一步加深"的封闭循环。

　　在恶性循环影响下，广大贫困地区贫困群体行动的欲望和潜能被逐步扼杀，贫困群体锐意革新的勇气和能力也逐渐消失。如武陵山区的调研结果表明，在扶贫力度不断加大的情况下，当地干部群众思维守旧的状态没有得到根本性改变，依赖思想和等、靠、要思想仍然普遍存在。贫困地区干部群众缺乏开拓创新和自力更生意识，缺乏进取动力，"政策红利"几成空文，如武陵山片区规划明确了 6 大类 50 项专门扶持政策，但通过逐条梳理发现，已经落实或部分落实的只有15 项。

第五章　全面加快推进湖南文化精准脱贫的对策建议与保障措施

　　针对当前湖南省文化扶贫面临的问题及发展过程中的有效经验，文化扶贫的重点应在于深入挖掘区域文化特有的经济价值，主动寻找文化活动与经济活动的交接点，将根植于人民群众中的文化价值发掘出来，直接惠及人民群众，尤其是贫困群体，让群众成为文化产品的生产者与参与者，增加当地群众收入，改变贫困面貌。

第一节　对策建议

一　促进文化脱贫主客体间的结合

　　一是促进扶贫工作队与贫困居民的结合，进一步加大贫困地区驻村扶贫力度，延长工作队驻村帮扶时间，通过驻村扶贫队直接接触群众，将先进理念、先进技术面对面、手把手传授给群众。二是促进与高校等省内企事业单位与贫困地区的结合，通过文化支教、暑期实践、志愿者服务等方式为贫困地区先进文化传播和特色文化产业开发提供人才支持，通过定点定期组织专家培训、选派教育工作者进入高校研修深造等方式提高贫困地区教育工作者的业务水平和文化教育能力。三是促进企业、个人与政府的结合，紧紧围绕贫困户和贫困村开展文化扶贫活动，鼓励贫困地区农业企业、农民合作社、家庭农场与贫困户建立利益连接机制，通过该机制，开展各类扶贫科技和实用技术培训，使每个贫困户均能掌握1—2门种植或养殖实用技术，通过收入增长带动思想解放。四是促进贫困地区不同文化层次居民的结合，发挥乡镇文化精英的宣传作用，有意识地对乡镇文化精英进行文化扶持，引导他们对贫困居民的思维方式、行为习惯、价值取向上产生更加直接的影响，通过对贫困地区的输入信息和政策作出解释、评价，在行为上作出导向，引导贫困居民在态度和行为上发生改变。五是促进媒体与贫困地区现状的结合，发挥报刊、书籍、广播、电视、网站等主流媒体的对外宣传作用，加强先进文化的灌输、传播和覆盖，用先进的文化占领贫困地区的文化阵地，使群众受到先进、积极思想文化的滋润熏陶。

二 促进文化与旅游业的深度结合

一是依托湖南省贫困地区的文化资源类型和经济社会发展状况，科学编制全省贫困地区文化产业发展专项规划，充分发挥贫困地区特色文化资源优势，依托大湘西、大湘南、京广线、大梅山等优势旅游资源，打好"生态牌""民俗牌""名人牌"，重点打造以湘西为龙头的"神秘湘西"文化品牌、沿京广线的人文文化品牌、以炎帝陵和舜帝陵及曾国藩富厚堂为代表的历史人文旅游等系列精品文化品牌。二是加大对贫困地区重点文化旅游企业和湘西非物质文化遗产园、张家界博物苑等园区、场馆的建设扶持力度，加大对环洞庭湖生态经济区文化开发与保护力度，抓紧申报凤凰古城、洪江古城、"万里茶道"等优势资源的世界申遗工作。三是提高对文化内涵的认识，实现文化与旅游的融合，大力发展集文化旅游、观光、体育健身、演艺娱乐、艺术培训等于一体的文化旅游休闲产业，加大对贫困地区陶瓷、民族服饰、土特产品的开发力度。

三 促进文化产业与精准脱贫任务的结合

深刻认识文化产业对于精准脱贫的深刻意义，摒弃文化产业扶贫中存在的盲目开发、重复建设、粗制滥造、各自为政等现象。在实际扶贫工作中，一是精准到项目，建议省委宣传部、省发改委、省文化厅等部门定期组织文化产业银企合作推荐会，将发展潜力大的文化企业和文化产业项目推荐给各类金融机构。二是精准到资金，建议由省财政厅每年投入一定数量资金，设立贫困地区文化产业开发贷款风险补偿基金，为重点特色文化企业的银行贷款提供贴息支持。三是精准到产业，建议由省委宣传部牵头，省发改委、文化厅、统计局等部门的专家共同组成湖南省贫困地区文化产业发展研究院，定期统计、研究、分析贫困地区文化产业发展状况及金融支持文化产业发展情况，每年向全社会发布《湖南省贫困地区金融支持文化产业发展报告》，为各地区因地制宜招商引资和抓好特色文化产业项目提供决策参考。四是精准到举措，建议依托湖南扶贫网，设立湖南省贫困地区文化产业发展咨询服务平台，提供支持贫困地区文化发展的政策信息、文化产业重大项目信息，方便相关企业咨询和网上办事。五是精准到效果。把文化产业扶贫作为区域国民经济和社会发展"十三五"规划的重要内容，明确各地区文化产业扶贫开发的路线图、任务书、时间表、责任人。

四　加快文化脱贫软硬件设施的结合

一是不断增加公益性文化投入力度，切实加强贫困地区图书馆、乡镇文化站、村文化室基础设施建设，努力改善和提升贫困地区文化基础设施条件和服务水准。二是用 3 年左右时间，按贫困地区落实"二室一场三配套"的社区文化活动中心建设标准。三是从顶层设计上明确市级、县级、乡镇（街道）、村（社、区）文化设施的基本配置内容，重点强调影院、影城、多功能剧院和综合性书店配置。四是对农村地区和偏远山区，打破行政区划，整合资源，采取村（社、区）综合文化室与流动服务、送文化上门相结合的方式，开展流动性文化服务活动。五是进一步完善公共文化多元投入机制，政府通过市场化、社会化途径将文化节庆、影视节目、舞台演出等文化产品服务于公众。六是动员企事业单位、学校、党政机关与公共文化设施挂钩结对，并建立长效机制。

五　促进贫困地区内外部文化交流环境的结合

一是以人为本，搭建多元文化交流平台，相关政府可以充分利用自身特有的专家优势、资源优势，组织文化扶贫论坛、交流研讨会议，与公益组织和其他企事业单位合作，开发文化扶贫网络沟通和工作平台，推动文化扶贫工作的信息化、沟通多元化。二是重视倾听贫困群体的心声，准确把握他们对生活的诉求，培养他们积极向上的心态，引导他们为未来做规划。三是借助社会多方力量，做好贫困地区信息化建设工作，实现互联网等通信载体逐渐落村，落实到户，形成文化网，使贫困人口随时与外界保持联系，了解国家方针政策、增长知识，使更多民众克服自卑心理，提高自信心，走进文化场所，感受文化氛围。四是抓好"希望工程"，"1＋1助学活动"等有益的社会文化活动，为贫困居民提供相对平等的发展机会。五是加大城市文艺单位送戏、送电影下乡力度，组织新华书店、图书馆、博物馆下乡送书、借阅、巡展等活动，以集镇为载体，加强城市文化市场对农村文化市场的辐射和承接，带动农村文化市场和文化产业的发展。

第二节　保障措施

在文化精准脱贫中，应加强领导，紧抓脱贫方案落实，从制度、要素、政策三方面加强保障，确保各项工作顺利开展，科学推进各贫困地区文化脱贫工作取得新成就。

一　加强制度保障

1. 加强组织领导

加强贫困地区各部门、各乡镇（街道）对贫困地区文化精准脱贫的规划和实施，加强组织和领导，针对各贫困地区存在的具体问题，制定具体实施计划、办法，做好组织协调工作。健全相关文化主管部门及相关部门的工作机制，按照总体部署、分步推进的原则，科学制订地区文化脱贫行动计划，确保各项脱贫目标和任务落到实处，形成上下联动、齐抓共管的局面。

2. 完善各部门协调机制

一是加强部门联络与协调，建立贫困地区内部各部门联席会议制度，发改部门联合文化、城建等部门负责统筹研究和制定相关政策，协调解决文化脱贫建设中的重大问题，对符合国家政策、具有示范推广意义的重大项目，特别是具有巨大发展潜力的文化产业项目，积极帮助办理立项、环评、选址等有关要件，推动贫困地区特色文化产业做大做强。二是落实部门检查监督制度，将文化脱贫的任务分解到各部门，全面落实文化脱贫中的各项目标任务，做好企业、个人与政府部门的衔接沟通，对各项任务进行跟踪督察、年度考核，切实推进文化脱贫工作顺利实施。

3. 完善部门考核奖惩制度

一是严格奖惩措施。对提前完成年度文化脱贫目标任务的党政主要领导、分管领导和相关部门给予通报表彰和奖励，对年度任务完成情况不好的单位，给予通报批评和行政问责。二是健全综合评价考核体系。建立健全与地区文化脱贫内容一致的综合评价指标体系，规范统计口径、统计标准和统计制度方法，对相关部门工作实施动态监测与跟踪分析，及时了解脱贫过程中的问题和困难，纠正实施过程中的偏差，保证文化脱贫工作顺利实施。

二　加强要素保障

1. 加强资金保障

一是推进武陵山区、罗霄山区等地区文化产业投融资制度改革。探索适用于贫困地区的公共文化基础设施投融资新模式，在文化基础设施、医疗教育等公益性项目上试点 PPP 模式。二是加大招商引资力度。对贫困地区的特色文化产业，如江永女书、湘西民俗等特色产业，从优化产业结构、弘扬特色文化等需求出发，设计相关产业引进政策和专项资金，促进地区文化产业转型升级，形成具有区域优势的产业集群，打造湖南贫困地区的特色文化产业品牌。三是整合扶贫资金，打造扶贫合力，整合文化产业发展各类专项资金，突出重点，选择最有优势产业，形成合力，降低各类项目，特别是文化、教育、公共基础设施等民生工程的配套比例，争取国家、省级补助或贴息，让文化专干享受全额财政拨款待遇。

2. 加强人才保障

一是确立人才优先发展战略。针对全省贫困地区人才缺乏的现实，加大各地区的人才引进力度，做到人才资源优先开发，人才结构优先调整，人才投资优先保证，彻底解决部分乡（镇）在文化站工作人员安排上比较随意、乡（镇）文化站成为领导干部子女的"安置站"，整体素质偏低等问题。到 2020 年，在贫困地区的特色文化产业上集聚和培养一批全省有影响力的拔尖人才，形成一批梯次合理、素质优良、新老衔接，能适应地区文化发展的人才队伍。二是引导和促进人才合理流动，加强人才交流，完善机关事业单位职工内部挂职、交流制度，探索事业、企业单位间人才流动制度，营造鼓励创新、支持人才干事创业的社会环境和文化氛围，彻底转变贫困地区的守成文化，努力培育"大众创业、万众创新"的新局面。

三 加强政策支持

1. 加强项目推进力度

加强对贫困地区项目的引进。根据贫困地区自身特色，做好项目谋划，加快推进文化项目落地生根，破除文化产业盲目开发、重复建设、粗制滥造、各自为政等现象，对似是而非的文化产品设计，彼此模仿、内容单一、档次不高的民俗活动进行统一整治和规划，弘扬优秀的传统文化，扩大贫困地区文化资源的吸引力。抢抓国家实施武陵山片区区域发展与扶贫攻坚、湘西大开发等机遇，出台项目资金争取奖励办法和招商引资管理办法，引进一批大项目、好项目。完善落后地区项目考核和督察机制，督促各文化项目责任领导、责任单位加快项目的开工、建设、竣工和投产。狠抓增强扶贫脱贫的文化支撑具体措施，保障群众看电视、听广播、读书看报、参加公共文化活动等基本文化权益，为做好扶贫开发工作提供根本遵循和行动指南。

2. 优化发展环境

一是健全优化发展环境的机制。转变相关部门工作作风，简化办事程序，提高服务效率，解决少数部门、少数干部不作为、慢作为问题。二是加强地区政务服务中心建设，改革贫困地区行政审批制度、完善行政承诺制度等，强化服务观念，创造良好的办事环境。三是抓好贫困地区的环境治理，推行绿色发展理念，不以牺牲环境质量为代价谋取经济增长，集中开展项目建设环境专项整治行动，一手抓发展，一手抓环境整治，不断优化贫困地区的发展环境。

3. 加强联动配合

一是明确文化精准脱贫的主体责任。明确各级政府、部门承担的主要任务和职责，推动文化、人口、产业、土地、资金等方面的政策相互协调，形成合力、落到实处。二是创新服务体系。加强各地区创新创业服务体系建设，加快文化、科技与教育、人才的有机结合。三是加强分类指导。结合贫困地区经济社会发展的不同区域、不同阶段、不同规模和不同特征，实施差别化政策，积极开展文化脱贫试点示范，勇于实践，形成多元丰富、充满活力的文化新形象。

第六章 湖南省文化与旅游深度融合发展的认知与现状

　　全域旅游是"十三五"时期我国旅游发展总战略。"全域旅游"就是指，各行业积极融入其中，各部门齐抓共管，全城居民共同参与，充分利用目的地全部的吸引物要素，为前来旅游的游客提供全过程、全时空的体验产品，从而全面地满足游客的全方位体验需求①。全域旅游的发展赋予了文化与旅游融合新机遇和新要求。湖南作为我国的旅游文化大省，近几年在推进文化与旅游融合上取得了不俗成绩，但其中仍然存在诸多亟须解决的问题。

第一节 "全域旅游"的提出及湖南实践

　　2016 年 1 月全国旅游工作会议在海南海口召开，会上，国家旅游局局长李金早做了《从景点旅游走向全域旅游，努力开创我国"十三五"旅游发展新局面》的工作报告，他在这个报告中明确提出，要将全域旅游确立为新时期我国旅游发展总战略。他指出："推进全域旅游是贯彻落实五大发展理念的现实要求，是旅游扶贫和全面建设小康社会的客观要求，是推进供给侧改革的重要抓手，是推进旅游转型升级和可持续发展的必然选择，是顺应全民旅游、自助游、自驾游趋势的时代要求，是推进我国新型城镇化和新农村建设的有效载体，是全

---

　　① 厉新建、张凌云、崔莉：《全域旅游：建设世界一流旅游目的地的理念创新——以北京为例》，《人文地理》2013 年第 3 期。

面提升旅游国际竞争力的规律使然。"顺应旅游发展形势需要和国家新的旅游发展战略规划要求,各省市都大力推进全域旅游发展,抢占发展先机,湖南也不例外。2016年3月,湖南召开了史上规格最高的全省旅游发展大会,正式拉开湖南全域旅游发展的大幕。在本次大会上,时任中共湖南省委书记的徐守盛和中共湖南省长的杜家毫都强调,要把全域旅游作为大众旅游时代全省旅游业发展的总体战略,探索走出全域旅游新路子。随后湖南省委省政府先后制定颁发的《湖南省旅游业"十三五"发展规划纲要》《湖南省消费导向型旅游投资促进计划》等政策文件,都将发展全域旅游作为重要内容来抓。经过近半年的推进,湖南全域旅游发展取得了显著成绩:一是按照全域旅游要求作出了"一带四圈"和12个功能区的精心布局。在全省14个市州的70个"十三五"期间规划培育的旅游资源重点县里,选取35个县建成全域旅游示范县。建设长岳湖湘文化旅游走廊、张崀桂旅游走廊、郴广旅游走廊三条全域旅游精品线路。二是张家界市、湘西土家族苗族自治州、长沙市望城区、炎陵县、韶山市、湘潭市昭山示范区、新宁县、平江县、石门县、桂东县、郴州市苏仙区、通道侗族自治县、新化县13地进入首批国家全域旅游示范区创建单位。三是2016年上半年湖南旅游收益逆势上扬,再创新高。2016年上半年,湖南全省共接待国内外游客23667.13万人次,同比增长14.43%;实现旅游总收入1857.44亿元,同比增长21.85%,增速较上年同期提升3.79个百分点,高于全省GDP增幅14.25个百分点,高于第三产业增加值增幅12.35个百分点,高于全省社会消费品零售总额增幅10.45个百分点。

第二节　湖南省文化旅游融合发展环境

全域旅游是指一定区域内,以旅游业为优势产业,以旅游业带动促进经济社会发展的一种新的区域发展理念和模式。相比传统旅游发展理念和模式,全域旅游具有三个方面的突出特征:首先,在时空上，全域旅游瞄准的空间范围不仅在于旅游景区，而且在于旅游景区所在的整个行政区域空间，也就是说它不满足于旅游景区本身的发展，且要关注景区所在行政区域的经济社会整体发展；全域旅游瞄准的时间范围不仅仅在于游客在旅游景区的游玩时间，而且瞄准游客的24小时旅游行程全过程。其次，在业态上，全域旅游不仅瞄准旅游业本身发展，而且还瞄准相关产业发展，瞄准那些具有较大市场潜力的新业态的培育和发展。最后，在目标上，全域旅游旨在提升旅游质量，丰富旅游内涵，让旅游产业更强，溢出效益更加凸显。而正是在这个意义上说，推进旅游与文化深度融合发展是全域旅游发展的必然诉求，因为文化是旅游的灵魂，它是提升旅游质量，丰富旅游内涵的根基所在。当前全域旅游在湖南快速推进，这就给湖南文化与旅游融合发展带来了新机遇和新要求。

一　全域旅游赋予文化旅游融合发展新机遇

全域旅游赋予文化旅游融合发展的新机遇主要表现在三个方面：一是全域旅游促进旅游融合发展意识更强。全域旅游理念的提出使得旅游发展要跳出旅游看旅游。在资源方面，我们不能局限于过去那种单一利用现有旅游资源来发展旅游，而是要树立大旅游资源观，充分利用整个区域内有利于旅游业发展的各种资源来帮扶旅游业。在产业方面，我们不能局限于过去那种单业发展思维，而是要树立"旅游＋"思维，推动旅游产业与区域内的相关特色产业、优势产业融合发展。全域旅游理念的提出进一步拓展了旅游业从业者和管理者的视野，增强了旅游业从业者和管理者的融合发展意识，这种融合发展意识的增强无疑将有力地促进旅游产业与文化产业的融合发展实践。二是全域旅游促进旅游消费需求升级。全域旅游理念的提出与实施极大地激发了人们追求时尚、个性、品质旅游的消费需求和热情，体验式旅游、沉浸式旅游将越来越受到大众欢迎。人们对旅游的消费需求不再停留在"物观"的层面，而对旅游文化内涵充满了更多的期待，这就为旅游与旅游融合发展奠定了良好的市场基础。三是全域旅游促进旅游产业开放水平提升。全域旅游理念强调旅游产业发展要打破地域限制、行政分割的局面，强调旅游产业市场与其他产业市场的交融扩张，因此，全域旅游理念的提出与实施必将推动湖南旅游业以更加开放的姿态"拥抱"文化产业，进行强强联手。

二　全域旅游赋予文化旅游融合发展新要求

全域旅游的发展理念赋予了文化旅游融合发展新要求，这突出反映在三个方面：一是要从要素整合向产业整合转变。在过往的文化与旅游融合发展过程中，我们往往比较注重地方文化要素与旅游业的"食住行游购娱"六要素整合，而缺乏对关联产业的关注，这就导致文化要素与旅游要素之间的联系度不足，整合力度欠缺。当前，我国经济发展又步入新常态，国民经济发展呈现出"中高速、优结构、新动力、多挑战"的特征，这给文化与旅游融合发展带来了新的挑战。在新常态背景下，文化与旅游融合发展需要改变以往的要素整合模式，形成核心产业、配套产业、衍生产业间共融共生的产业整合模式，只有这样才能真正实现"1＋1＞2"的效益。二是要从追求规模向注重质量转变。在过往的文化与旅游融合发展目标上，非常看重旅游收入、旅游人次及产业增加值占 GDP 的比重等规模效益。而对旅游服务质量、旅游安全度、旅游文化陶冶功能发挥等质量效益缺乏应有关注，这就严重影响了文化旅游融合发展的可持续性。全域旅游强调旅游业对区域经济社会发展整体带动作用的发挥，这就必然要求，我们在推动文化旅游融合发展过程中不能只着眼于数量规模上的发展，更要注重优质的服务、产业发展的模范示范效益、对经济社会文明程度的促进等发展质量的提升。三是要从协调发展向互融共生转变。在过往的文化与旅游融合发展策略上，比较重视文化产业和旅游产业之间的互补互促，试图通过促进两大产业间协调发展，从而达到互利共赢。在这种策略下，文化产业和旅游产业相对更加独立，产业边界亦非常清晰，相互之间的连带责任也比较少，但同时也造成了利益关联度不强，最终又各自为政的局面。促进全域旅游的发展，需要我们创新旅游产业与文化产业融合发展策略，需要用"你我一家亲，你好我才好"的共生演化思想去代替以前那种"我好你也好"的协调发展思路，在共同进化、共同发展的产业生态圈中获得更持续的发展机会。

第三节　湖南省文化旅游融合发展现状

一　湖南文化旅游融合发展的基本态势

总的来看，近年来，在湖南省委省政府的推动下，湖南文化产业与旅游产业融合发展态势良好，成绩显著，这不仅表现在旅游产业收入的稳步增长，而且也表现在涌现出一批闻名全国乃至世界的文化旅游品牌项目和品牌企业，但同时，我们又要看到，目前湖南文化旅游融合发展的水平仍处在低消费、大众化、创新能力和就业吸纳能力不强的低水平发展阶段，亟待进一步提升。下面我们拟从融合发展的经济效益和社会效益两方面对湖南文化旅游融合发展态势做出具体分析。

1. 湖南文化旅游融合发展的经济效益状况

首先，从收入水平（增加值）来看，随着近几年湖南旅游产业与文化产业融合发展速度加快，湖南旅游业收入增幅明显，如表 6-1 所示，其中 2015 年，湖南全省实现旅游总收入再创新高，达到 3712.91 亿元，占全省 GDP 的 11%，旅游对经济发展的拉动和支撑作用明显增强。但相比中部地区其他兄弟省区，湖南 2015 年旅游业收入水平相对偏低，在中部地区位列第四，如表 6-2 所示。而 2015 年湖南全省文化和创意产业增加值约 1714.12 亿元，连续 3 年进入全国文化产业发展十强。这也就在某种程度上反映出，湖南旅游产业与文化产业融合发展尚不够，旅游产业发展未能真正运用好文化产业所提供的发展优势。尽管如此，2015 年湖南文化旅游融合发展还是有不少"亮点"，比如大湘西地区精品旅游线路和大湘西地区非物质文化遗产生产性保护项目建设，增加了旅游的文化含量，湖湘文化旅游风情小镇建设，提升了乡村旅游的品质，为实现全省旅游总收入增长 21.71% 作出了贡献。文化与旅游融合的景区演艺因其填补了游客畅游山水后的精神空间而广受青睐，在城市演艺艰难前行的背景下大幅增长：《张家界·天门狐仙》门票收入 4961 万元，同比增长

13.99%；《张家界·魅力湘西》2015 年营业额 8041 万元，同比增长 23.17%。文化与旅游主题公园世界之窗实现营业收入 1.69 亿元，同比增长约 10%，实现净利润 4456 万元，再创历史新高，等等。

表 6－1　　　　　　　2012—2015 年湖南省旅游业收入情况

年份	旅游总收入（亿元）	旅游收入同比增长率（%）
2012	2234.10	25.11
2013	2681.86	20.04
2014	3046.19	13.58
2015	3712.91	21.71

资料来源：《湖南省统计年鉴》。

表 6－2　　　　　　　2015 年中部六省旅游收入排名情况

省份	旅游总收入（亿元）	旅游收入同比增长率（%）	排名
河南	5035	15.32	1
湖北	4310.16	24.65	2
安徽	4120	29.06	3
湖南	3712.91	21.71	4
江西	3630	37	5
山西	3447.50	21.11	6

资料来源：根据中部六省各省的 2015 年国民经济和社会发展统计公报数据整理而成。

其次，从市场规模上看，近几年，湖南文化旅游市场规模不断扩大，潜力较大。这突出地反映在两个方面：一是湖南居民的文化旅游消费支出增幅较大，如表 6－3 所示。与经济增速下滑相比，文化旅游消费不降反升，呈现"井喷"之势，越来越成为湖南本土消费市场的"刚需"。2015 年，城乡居民人均教育文化娱乐消费实现较快增长，居民人均教育文化娱乐消费 2050 元，同比增长 16.1%，拉动消费支出增长 2.1 个百分点，是居民消费增长的主要动力和支撑。二是来湘游客量增量显著。据中国旅游研究院发布的《中国区域旅游发展年度报告（2015—2016）》，2015 年湖南游客接待量超过 4 亿人次，位居全国第八，继续保持着国内旅游接待量的领先优势。同时，在区域旅游目的地绩效指数排名上，湖南较之 2014 年上升了一个名次。

表 6-3　　　　2012—2014 年湖南城乡居民人均文教
娱乐用品及服务支出情况

年份	城镇居民人均文教娱乐用品及服务支出（元）	农村居民人均文教娱乐用品及服务支出（元）
2012	950	150
2013	2080	426
2014	2538	1112

资料来源：根据湖南省统计局和中共湖南省委宣传部联合编写的《湖南文化和创意产业发展统计概况（2013—2015）》数据整理而成。

又次，从就业水平上来看，湖南文化旅游融合发展扩大了就业渠道，极大地促进了当地就业。据统计，2005 年湖南旅游产业直接从业人员为 60 万人，间接从业人员约 300 万人。目前，湖南旅游行业直接就业人数已达 120 万，全部旅游就业人数达 600 万。而 2015 年通过的《湖南省人民政府关于促进旅游业改革发展的实施意见》又明确提出，力争到 2020 年，湖南旅游直接就业人数超 300 万人，带动就业人数超 600 万。

再次，从品牌建设上来看，经过多年倾心打造，已形成了一批享誉海内外的湖湘文化旅游品牌。近年来，全省重点扶持了洪江古商城等 11 个大湘西文化旅游产业项目，打造了《天门狐仙·新刘海砍樵》《张家界·魅力湘西》等旅游演艺精品节目，凤凰县、新宁县入选全省文化旅游产业特色县，重点开发性保护老司城、里耶古城等一批文化旅游资源，其中老司城遗址入选世界文化遗产名录，实现全省世界文化遗产零的突破，通过这一系列举措，将大湘西打造成湖南文化旅游融合发展示范区，成为湖南文化产业发展新的增长极。目前，伴随"全域旅游"纵深推进，湖南文化与旅游融合发展走向湖南全域联动新阶段，一条串连长沙市、张家界、湘西土家族苗族自治州的"演艺走廊"逐步形成,湖南省发改委、省旅游局共同规划建设 12 条文化旅游精品线路,推出首批 12 个湖湘风情文化旅游小镇。另外,值得提出的是,红色旅游绝对是过去几年湖南文化旅游融合发展的"宠儿"和"亮点"。目前,全省"一个重点红色旅游区、三大红色旅游主题、五条精品线路、三十个重点红色旅游景区(点)"的红色旅游发展总体框架基本形成。湘潭被批准为全国红色旅游融合发展示范区和全国红色旅游国际合作创建区。文化旅游品牌建设也带动了餐饮业、农业等相关产业的品牌建设,如酒鬼酒股份有限公司、湖南老爹农业科技开发股份有限公司先后被列为湖南省知识产权优势培育企业。

最后,从扶贫效益上来看,文化旅游扶贫业已成为湖南精准扶贫工程建设的最大亮点。近几年,湖南省委省政府非常重视文化旅游扶贫工作的推进,先后拟定出台了《湖南省旅游促进扶贫五年行动计划》等一系列政策文件。全省有 302 个村进入全国"美丽乡村旅游扶贫重点村"笼子,其中 104 个村被确定为 2015 年的旅游扶贫对象,首批扶贫点选择了 7 个美丽乡村贫困村由省旅游局联点建设。同时,推进"1 + 20"的文化旅游扶贫模式,由省旅游局直接帮扶凤凰县老洞村,并指导支持 20 个重点贫困县,以推进贫困地区精准扶贫工作。在 2016 年 8 月召开的第二届全国乡村旅游与旅游扶贫推进大会上,湖南共有 14 个项目、扶贫规划成果、基地列入全国旅游扶贫示范项目,如表 6 - 4 所示。

2. 湖南文化旅游融合发展的社会效益状况

首先,从生态环境保护上来看,文化旅游融合发展在一定程度上促进了湖南生态环境的改善。近年来,湖南文化旅游在景区环境建设、生态资源保护等方面取得了不俗的业绩,在 2016 年 8 月召开的全国第八届生态文化高峰论坛上,全国 122 个行政村被命名授予"全国生态文化村"称号,其中,湖南有 6 个村上榜。目前,湖南拟在全省范围内倾力打造 13 条文化生态旅游精品线路,以改变过去文化旅游开发无序而造成生态资源破坏严重的尴尬局面,其中武陵山片区打造湘西地区 12 条精品线路,涉及 53 个县(市、区)452 个村寨,罗霄山片区打造大湘东地区 1 条精品线路，涉及 13 个县 79 个村寨。

表 6 - 4　　　　　列入全国旅游扶贫示范项目的湖南项目名录

全国"景区带村"旅游扶贫示范项目	全国"能人带户"旅游扶贫示范项目	全国"合作社＋农户"旅游扶贫示范项目	全国"公司＋农户"旅游扶贫示范项目	全国旅游规划扶贫示范成果	中国乡村旅游创客示范基地
邵阳市新宁县崀山旅游区	石清香（吉首市坪朗村致富带头人）	沅陵县借母溪乡乡村旅游农家乐扶贫合作社	溆浦县雪峰山生态文化旅游有限责任公司	花垣县十八洞村旅游扶贫规划	湖南省张家界市永定区石堰坪乡村旅游创客示范基地
永州市宁远县九嶷山舜帝陵旅游景区	田邦文（龙山县洗车河镇牙龙湾村村主任）	衡东县鸿达湘莲种植专业合作社	江永县兰溪勾蓝瑶寨旅游开发有限公司	凤凰县老洞村旅游规划	
湘西永顺县老司城景区		桑植县洪家关乡万宝山茶业有限公司（合作社）		慈利县罗潭村旅游扶贫规划	

　　其次，从交通设施建设上来看，文化旅游融合发展在一定程度上进一步优化了湖南的交通网络体系。近年来，为了推进文化旅游，湖南各级政府和交通部门都在努力改善旅游交通条件，比如"沪昆高铁"湖南段的建成开通，使湖南省会长沙一跃成为"高铁黄金枢纽"，湖南可直"通"15 省市，省内开通地市将达 10 个，"快旅"时代真正开启。又如长韶娄高速的建成开通，使来往花明楼、灰汤、韶山之间进行红色旅游更加便捷迅速。目前，正在加快"3 + 5"城市群城际轨道交通建设；等等。这些交通项目的推进及其完工必将大大完善湖南已有的交通运输体系，让湖南人民的生活更加方便、舒逸。

　　最后，从民俗民风建设上来看，文化旅游融合发展让地方民风民俗"焕然一新"，发出新的"光彩"。近年来，在湖南政府部门的推动和支持下，许多地方民俗民间艺术开始登入大雅之堂，走出国门走向世界，比如湘绣、滩头木版年画、皮影戏、江永女书等被列为国家非物质文化遗产目录，花鼓戏、湘剧、祁剧、丝弦等民间歌舞享誉中外。同时，文化旅游发展也在一定程度上促进了地方民风的改善，比如郴州汝城通过发展祠堂文化旅游，让沉睡已久的古生态文化重新"活起来"，引领着汝城文明新风，进一步丰富了当地人们的精神文化生活。

二　湖南文化旅游融合发展的主要问题

尽管湖南文化旅游融合发展总体态势向好，前景光明，但在一线调研过程中，我们仍然发现其中尚存在不少问题，概括起来，主要体现在以下几个方面：

1. 融合发展的政策制度设计不完善

虽然近些年，湖南文化管理部门和旅游管理部门分别立足于文化产业和旅游产业的业域发展实际，在出台的诸多部门政策文件中都将促进文化旅游融合发展作为一项重要内容予以体现。但这些政策内容显得零碎而难以有机统一，两大部门之间的政策常常各自为政，甚至矛盾相向。虽然自"十一五"省级规划开始，无论是湖南全省的国民经济和社会发展规划，还是湖南省文化宣传部门和旅游部门拟定的省级部门规划都强调要促进文化旅游融合发展，也提出了一些发展举措，但是全省性国民经济和社会发展规划中有关促进文化旅游融合发展的内容显得"大而不全"，诸多政策难以落地，而由省文化宣传部门和旅游部门拟定的省级部门规划往往又是部门利益至上，政策的部门和行业利益倾向明显，对湖南文化旅游融合发展的全局把握不准、把握不够，对文旅统一规划与开发、形成完备的文旅服务体系缺乏清晰认识。目前湖南尚未出台文化旅游融合发展专项规划和组建促进文化旅游融合发展的省级专项协调小组。这一状况导致目前在文化旅游融合发展上呈现出条块分割、多头管理的难境，这也使得全省文化旅游资产资源难以得到有机整合。

2. 融合发展的基础设施建设落后

尽管近些年省委省政府和地方政府在旅游基础设施建设上作出了

许多努力，也取得了显著的成绩，但相比文化与旅游融合发展的形势和要求，仍显得滞后了许多。在这方面，城市旅游基础设施建设相对要好些，而山区或农村地区的旅游基础设施建设问题相对比较突出，这主要反映在以下几点上：一是旅游交通"最后一公里"的问题，亟待解决。许多旅游胜地都处在山区或欠发达县区，虽然目前湖南全省各县区的大交通已经得到改善，也就是说，从省会长沙到达全省各区县的时间大大缩短了，很多区县都有高速公路或者高铁站，但是从各县区到景点景区的"最后一公里"里程却并不乐观，常常会因为一次次的转程而让游客"望山兴叹"。二是旅游景区内的配套公共基础设施不完善。许多地处山区的旅游景区内都缺少必要的指路牌，这让自驾游非常不便，另外，许多景区存在公共厕所设施陈旧，垃圾桶配置不合理，环境污染严重，停车场建设和管理不到位等问题。三是旅游景区内的通信条件和食宿条件亟待升级改造。在一些地处山区的旅游景区经常会出现手机信号微弱甚至无法进行手机通信的状况，安全隐患严重。另外，有一些旅游景区的食宿条件较差，根本谈不上让游客有文化感受，以致许多游客都不想来第二次。

3. 融合发展园区的产业化水平低

在利好政策导向之下，近些年，湖南各地掀起了一波文化旅游产业园建设热潮。涌现出了长沙市天心区文化产业园、长沙市开福区滨江文化园、郴州市苏仙区天山旅游文化产业园、张家界市天门山国家旅游综合改革先导区等一批具有较好示范效应的文化旅游产业园区。但是在各地一哄而起建设的文化旅游产业园区中，不乏许多是规划不合理、创意不足、特色不鲜明的园区，它们造成了资源的极大浪费和行业恶性竞争。一些文化旅游产业园打着发展文化旅游产业之名，行的是圈地搞地产之实。而且当前许多文化旅游产业园区纯粹是依仗自然生态景观形成的门票经济来维持，并没有构建起科学的营利模式，景区主题复杂，缺少创意，没有形成产品品牌拉动效应，产业化程度较低。

4. 融合发展的人才供给不足

伴随着湖南文化与旅游融合发展速度和效益的提升，对文化旅游人才的需求规模扩大了，需求层次也较之以前更高了。湖南文化旅游人才的供求矛盾日益凸显，这主要反映在三个方面：首先，文化旅游人才总量不足，结构不合理，高层次人才匮乏。目前湖南直接从事文化旅游业的从业人员总量为一百多万，占全社会从业人员的比例尚不到3%，这与文化旅游产业的"千亿产业""支柱性产业"称号是不相称的，而与湖南省旅游业"十三五"规划提出的打造万亿产业的目标和要求相距更远。另外，目前文化旅游从业人员队伍中的"三低"（低学历、低职称、低稳定性）人员较多，那种既懂文化又懂旅游的经营管理人才、创意人才和研究人才匮乏。其次，用人保障机制不完善，人才流失率高。由于湖南文化旅游产业整体发展水平尚处于中低端水平，环境设施建设相对滞后，因此，基层从业人员的平均收入水平较之其他行业相对较低，而且工作环境比较艰苦，再加上，在对基层从业人员的使用上，普遍存在重使用、轻开发，轻培训、少激励的问题，这就使得基层从业人员跳槽率、转行率大大增加。最后，人才培训工作滞后。目前全省文化旅游人才培训规模不大，尚不能保证从业人员每人每年都能轮训一次。在各地开展的相关培训工作，许多专业化水平偏低，内容的实践指导性不强，培训教材、课程体系及培训体系尚不能适应市场需求。而对于高层次的文化旅游人才培养工作更是缺失，相应的培训机制亟待完善。

5. 融合发展主体的集团化发展不够

在竞争日趋激烈的文化旅游发展形势下，组建大型文化旅游企业集团对于整合文化旅游资产资源，实现资产资源优化配置，提升产业竞争力具有十分重要的意义。然而目前湖南文化旅游产业集团化发展程度不高，这也大大影响了湖南文化旅游产业的竞争力。尽管目前湖南拥有7家全国百强旅行社，8家5A景区，21家五星级饭店，但是湖南尚未有年产值超过百亿元的文化旅游企业集团，年产值超亿元的文化旅游企业集团不到50家，而且这些年产值超亿元的企业集团主要集中在长株潭地区，在大湘西等文化旅游融合发展潜力大的地区则是"难见真身"，绝大多数为小型企业，企业之间竞争激烈，市场集中度小。湖南也很难见到大型的景区管理集团，大部分景区景点规模小、级别不高，并且分属不同的行政管理部门，各自为政，不利于文化旅游资源的开发利用与整合。此外，湖南还缺少具有国际影响力的文化旅游集团总部，也缺少旅游电子商务集团总部，与北京、上海、浙江、广东等省区相比相去甚远。

6. 融合发展的信息化水平不高

尽管近些年湖南在文化旅游业发展中着力推进信息技术的应用，但应用水平仍然较低，呈现出产业覆盖领域相对较窄、不成体系、实用性较差的特点，这就导致出现信息不通畅、资源难以共享、市场反应迟钝、办公效率低下等困境。这又突出反映在三个方面：一是湖南旅游行业数据库不完整，旅游信息资源更新不及时、不到位。一些重要的旅游信息资源分散掌握在各地各部门、各企业手中，处于一种"养在深闺人未识"的境地，没有发挥其应有的价值。二是湖南旅游信息技术人才相对缺乏，信息化服务，管理和中介机构的力量相对有限。目前尚没有形成媒体、公共设施、旅游景区、旅游企业全覆盖多层次的立体宣传网络体系。三是文化与旅游信息化建设各自为政，缺乏统一布局和规划。各文化企业和旅游企业的信息服务标准和技术标准不统一，兼容性较差。在对文化旅游企业信息化建设的管理上存在多头管理、职责不清、推诿扯皮的问题。

7. 融合发展的文化内涵挖掘不深

目前，湖南文化旅游资源开发缺乏创意，资源浪费严重。文化旅游资源开发的关键，是对资源本身文化价值与社会价值的体现，但在当前湖南文化旅游发展中的文化资源过多展示的是其艺术价值，即对景区、场馆自身投入较多而对文化内涵的深度挖掘不足，主题不够鲜明，展示内容有限。各地投资开发旅游资源，大多仅仅停留在建设旅游场馆，举办各类文化节上，对于文化旅游所赖以生存的文化土壤关注不够。在文化旅游产品的设计和开发存在零敲碎打、东凑西搬的问题，产品结构上仍以观光为主，资源开发仅停留在景区的开发建设和文化的保护上，缺乏文化内涵，缺少文化旅游的娱乐性和游客的参与性。如有些民族文化旅游景区把不同的民俗生搬硬套地杂糅在一起，使得其产品品位不高，品牌效益不明显，难以让游客感受和体验当地民俗风情。湖南厚重的历史积淀和文化遗产，是旅游产业与文化创意产业融合发展的宝贵资源，但由于长期受到传统理念的束缚和经营策划水平所限，使得许多极具潜质的文化资源未能得到有效的挖掘，资源利用水平低下，可以说是"端着金饭碗要饭"。比如，省博物馆、岳阳楼、浯溪摩岩石刻、舜帝陵等文化旅游名胜，大多停留在文物遗产资源自身价值的展示上，衍生产品不多，对产品的组合和内容创新不足，造成单一的"门票经济"现象。作为文化旅游，如果失去了文化生态这个背景，仅凭借复原的景观和文物无法满足文化旅游者对文化内涵所产生的探索意愿，如果不能带来进一步的互动体验，则文化旅游开发项目越多，资源浪费也就越严重。湖南极具特色的影视文化、饮食文化、生态文化等文化都具有较强的市场竞争力，深入研究这些文化中的深刻内涵，通过产业化的运作方式和艺术化的表现手段，使民众享受到文化创意的无穷魅力，才能最终实现文化创意与旅游产业的融合发展。

第七章　湖南省文化与旅游深度融合发展策略

发展全域旅游是新时期湖南旅游业发展的"常态"，这一"新常态"在给文化产业与旅游产业深度融合发展带来重大机遇的同时，也带来了巨大的挑战，它赋予了文化产业与旅游产业融合发展的新目标和新要求。要顺利实现湖南"十三五"国民经济和社会发展规划中提出的有关文化旅游融合发展的各项指标和任务，就必须要进一步创新湖南文化旅游融合发展模式和策略，拓展文化旅游融合发展的路径和内涵。

第一节　湖南省文化与旅游深度融合发展的模式选择与开发战略

一　模式选择

产业融合是以技术革命和技术扩散为动力的一种经济现象，最终导致原有产业属性的改变和新产业形态的出现。文化产业与旅游产业融合发展的实质就是，以现代科学技术变革为条件，以市场诉求为动力，探求文化产业与旅游产业的互利"双赢"业域，促进两大产业原有产业属性的部分质变，形成新的文化旅游发展业态的一种产业融合过程。文化产业与旅游产业融合发展主要存在三种基本模式：一是功能拓展发展模式。这种模式是指文化产业与旅游产业融合发展时将对方所具有的某种产业功能嵌入本产业体系中，让本产业产生出一种新的功能属性。比如，在《印象·刘三姐》、禅宗少林音乐大典等文化旅游融合案例中，当地旅游产业通过将刘三姐文化元素、少林禅宗文化元素用技术手段成功植入，从而使当地旅游产业产生了文化体验功能这一新的产业属性，最终丰富了当地夜间旅游产业，让游客感受到文化的震撼力并发自内心地爱上这个旅游目的地，开始品味这个地方，带动了旅游餐饮和旅游住宿增长。这是文化产业与旅游产业融合模式中的较低水平发展模式，目前这种模式在湖南文化产业与旅游产业融合发展中占据主导，是采用得最多、最为普遍的一种融合发展模式。二是产业延伸发展模式。这种模式是指旅游产业（文化产业）试图通过与文化产业（旅游产业）融合发展而达到延伸产业链的目的，旅游产业（文化产业）分别通过产业链向上下游延展而实现与文化产业（旅游产业）融合发展。比如《爸爸去哪儿》系列剧的热播及其引发的亲子游热潮就是这种模式的典型案例。在这个案例中，《爸爸去哪儿》作为一档热播的电视综艺节目通过向下游延展产业链，将这一节目及其拍摄基地转化为旅游产品和旅游胜地，成功实现了文化产业与旅游产业的融合发展，极大地促进和带动了节目拍摄地的旅游产业发展。三是生态圈发展模式。这种模式是以旅游（文化）企业为核心，通过旅游（文化）企业对文化（旅游）企业的并购、投资逐步延伸拓展旅游（文化）企业的经营业务，进而实现旅游（文化）企业跨界融合发展的模式。在生态圈发展模式中，一般有三个圈层，即核心圈层、外围圈层和相关圈层，以文化产业为例，其中核心圈层由文化核心企业组成，比如电视公司、电影集团、报业集团等各类企业；外围圈层的企业是由为核心圈层提供其发展所必需的服务的企业组成，比如网络企业、电子商务企业、休闲服务企业等各类企业；相关圈层的企业是由为外围圈层服务的企业组成，比如文化用品及设备制造企业等。核心圈层、外围圈层与相关圈层的企业通过产业链关联，逐步形成一个相互交织的文化产业生态圈，这个生态圈会随着规模的扩大和产业链的延伸而与旅游产业生态圈发生交集、碰撞、博弈，最终达成一种和谐，进而实现产业融合发展。生态圈发展模式是文化产业与旅游产业融合发展模式的高级形式，也是全域旅游发展进程中的必然诉求。在全域旅游背景下，湖南文化产业与旅游产业融合发展应当选择生态圈发展模式，实现两大产业全方位、全领域的融合发展。

二 开发战略

1. 深入推动影视文化与旅游融合发展

既有的理论研究成果显示，影视文化对促进旅游业发展有非常大的积极意义。比如，金和理查德森（2003）认为影视观众通过了解影视文化产生前往旅游目的地参观的动机，这有效地促进目的地旅游形象的形成与重构；蔡良梅、戴珊（2011）认为应以影视文化为切入点发展旅游业，将影视产业和旅游产业密切联系起来，打造一条影视—旅游产业链，以促进对旅游目的地的营销作用。湖南的影视文化享誉全国，近些年，产生了一些精品电视节目和精品电影力作。湖南影视制作是中国电视娱乐节目的重要生产基地，湖南卫视收视率一直位居全国省级卫视第一，并打造了如"超级女声""快乐男声""快乐大本营"等电视节目品牌；《雍正王朝》《走向共和》《还珠格格》《恰同学少年》等精品电视剧目。湖南原创动漫总产量连续排名全国第一，率先产生了如"蓝猫、红猫、蓝兔"等中国著名卡通形象。2008年，湖南拓维公司成功上市，成为国内"动漫第一股"，总实力继续保持全国领先地位。近年来，湖南的动漫企业不断开拓国际市场，"山猫吉咪"已在国际上叫响了自己的名号。然而，湖南影视文化产业的品牌效应尚未在湖南旅游业转型升级发展中发挥出应有的积极意义。为推动影视文化与旅游深度融合发展，应加强影视旅游发展的规划引导，建议由省委宣传部、省文化厅和旅游局共同出台指导意见，制定相关行业准则，规范有关项目的审批，加大政府导向力度，同时加强理论研究。有关部门放宽影视旅游业务许可，加强信息服务，支持企业开拓新的业务领域，支持企业之间的各种合作乃至兼并重组。影视制作单位要加强文化的主题内涵和根植于本土的影视创作，注重塑造影视拍摄地原始风貌、古朴文化的深度开发。旅游部门应加强与影视部门的联系，进一步加大景区的宣传力度，推出一些优惠的政策，激发更多影视剧的投资商和制作单位到独具特色和有潜在旅游者的外景地拍摄影视剧。影视旅游企业把握技术走向，进一步丰富影视旅游体验内容，如自主拍摄、场景体验、特效制作等，积极开发多元化的影视旅游产品，适时而为，加大宣传力度。大力发展影视旅游，并以文化为依托，走产业集聚式之路，充分发挥集聚的联动效应，积极促进影视旅游产业聚落的形成，扩大产品的聚集，扩大影视旅游覆盖面。积极借鉴和利用国内外既有的影视旅游成功营销模式，以促进旅游目的地影视旅游的推广。

2. 深入推动餐饮文化与旅游融合发展

"吃"居于旅游业生产力六要素之首，从产业供给出发，旅游产业结构转型升级包括旅游业生产力六要素的改善，其中"吃"的改善是最重要的。近几年，在湖南省委省政府的大力扶助和支持下，以小吃、湘菜、酒、茶为核心的湘字号餐饮文化迅速崛起，成为一道亮丽的风景线，其中餐饮业的发展尤为突出。经过几年发展，目前在全国八大菜系中，湘菜的综合排名已跃居第三，仅次于粤菜和川菜。而在资本市场上，湘菜则在八大菜系中拿到了头彩，湘菜名企湘鄂情率先在 A 股上市。全国各地有上万家湘菜专营馆，湘菜企业年产值达 800多亿元。湘菜在北京、上海等城市都大受欢迎。以北京为例，据统计，北京现有湘菜店 4000 余家，上规模的有 1000 余家，湘菜占据了北京 1/5 的餐饮市场份额，成为京城餐饮市场的主流菜系。近几年，湖南酒业、茶业发展亦有"可圈可点"之处。2012 年湖南湘窖酒业有限公司获得"省长质量奖"，这是湖南省首次将"省长质量奖"颁发给食品类企业；2013 年湖南富厚酒业投产并与国家酒检中心达成战略联盟，富厚酒品系列成为湘酒又一新品牌；2014 年湖南省糖酒副食品总公司等 11 家企业成为湖南省首批酒类流通行业诚信经营示范企业。目前，湖南拥有酒类产品生产企业 292 家，其中白酒生产企业 85家。而在茶业方面，湘茶近几年总体趋势向好，受消费习惯影响，湖南省绿茶销量稳步上升，尤其古丈毛尖、保靖黄金茶、沅陵碣滩茶等湘西名茶销售成绩不错，湘西名茶异军突起。

湖南的名点小吃不仅反映了湖南深厚的湖湘文化底蕴，而且折射出湖南人的地域习俗和个性特点。如长沙有一句俗语，"黄春和的粉，半雅亭的饺，火宫殿的臭豆腐香又辣，杨裕兴的面，徐长兴的鸭，德园的包子真好呷"（"呷"是湘方言"吃"的意思）。湖南地方小吃中还有浓香扑鼻、浇头丰富的常德米粉，软糯香黏的益阳蒿子粑粑，细嫩鲜爽的永州鱼肉丸子，风味独特的邵阳猪血丸子……还有糖油粑粑、葱油粑粑、红薯粑粑、茶叶蛋、冰糖莲子、八宝果饭等。湖南名点小吃大多就地取材、造型朴实、口味浓郁，与湖湘文化的基本精神相契合。湖湘文化的基本精神是"淳朴重义、勇敢尚武、经世致用、自强不息"。湖南传统名点小吃俨然体现了湖湘文化中敦厚雄浑、未加修饰、不受拘束、生猛活脱之性。

推动餐饮文化与旅游融合发展，就是要发挥湖南餐饮文化的优势，突出湖南旅游的地域特色，增强旅游的文化体验性。这就要求，积极发展各种便利旅游和增强旅游体验性的餐饮新业态，如湖南盛世芙蓉餐饮发展有限公司于 2010 年推出"耕食记"项目，该项目包含市民农园，允许消费者"认领"土地，参与耕种和收获，以及农园的各类活动。除此之外，这里还是生物多样性示范基地，拥有"手工坊""生态农庄""神农研究所"等多种产业形态。2014 年 6 月湖南首家电商餐饮"邦吉送"在耒阳试水，这意味着，不用预约订位、不用泊车、不用梳洗打扮，动动手指，通过网络、电话或手机微信，就能足不出户享受精致美味；等等。培育覆盖文化创意、休闲娱乐、影视制作、特色演艺、旅游投资、酒店经营等领域的综合性文化旅游餐饮企业集团。鼓励非公有资本以股份制、合伙制及个体私营等多种形式兴办"专、精、特、新"的中小微型文化旅游餐饮企业，补充完善文化旅游产业链，丰富文化旅游市场。放宽视野，策划推出若干条富有湖湘文化特色的旅游餐饮精品线路，将体验消费、工艺参观、科技博览、商贸购物、康体健身、赛事观摩等融入文化旅游消费链中。协调建设好配套基础设施，引导培育文化旅游餐饮企业经营线路产品，在沿线提供成套旅游餐饮服务。建立部门协作、政企合作、行业合作、区域合作的湖湘餐饮文化宣传推广机制。省内宣传媒体要拿出一定时段（版面）为推进餐饮文化与旅游融合发展做好宣传造势。旅游部门要大力开发面向市民和游客的餐饮文化作品，在各类旅游展会中增设餐饮文化旅游产品和项目展示。旅游部门要在市场推广中宣传湖湘餐饮文化特色，将特色餐饮文化产品纳入国内外旅游项目推广计划。要运用新兴媒体、大数据和创意策划创新宣传营销方式，根据不同客源地、不同年龄段、不同收入群体的游客偏好，精准投放广告信息，精细开发和培育市场。

3. 深入推动生态文化与旅游融合发展

湖南生态文化是一种湖湘特质的地域文化，具有很强的延续性和相对的独立性。它既是湖南经济社会发展的方向引擎，又是建设绿色湖南和生态强省的精神动力。推动生态文化与旅游深度融合发展是建设绿色湖南和生态强省的必然要求。湖南山清水秀、水资源丰富，森林覆盖率高，生态环境好。这里拥有世界自然遗产张家界武陵源自然风景区、"中国最美小城"凤凰古城、中国五岳之一南岳衡山等享誉中外的风景名胜区，拥有壶瓶山自然保护区（常德市）、八大公山自然保护区（张家界）、都庞岭自然保护区（永州市）、莽山自然保护区（郴州市）、团湖洞庭湖自然保护区（岳阳市）、小溪自然保护区（湘西土家族苗族自治州）国家级自然资源保护区，生态资源丰富且具有鲜明的地域特色。湖湘文化源远流长，注重生态环境保护是其一大重要特色。比如宋代著名学者，湖湘学派的创史人之———胡安国在其所著《春秋传》中，明确提出"以人胜天、以德消灾、天人合一"，强调在顺应"天命""天理"的前提之下，发挥人的作用来改变现实，但不是说"人"可以克服甚至违背"天命"与"天理"。人的行为应当顺应天理和自然，这样才能与自然和谐融洽地共生共存；等等。近些年，湖南在生态文化建设方面成绩斐然。目前，湖南"两型社会"建设已经进入纵深推进的阶段，初步建立了试验区空间动态管理系统，探索实现经济社会发展规划、城市总体规划、土地利用总体规划和融资规划"四规合一"的有效途径，湘江流域综合治理取得实质性进展，湘江水污染整治效果明显，湘江风光带建设顺利完成，积极探索了环境保护的市场化运作机制，推行垃圾分类处理；等等。这些都为推动生态文化与旅游融合发展提供了重要的底蕴和条件。

推动生态文化与旅游深度融合发展，应与湖南省的"生态强省"战略举措和主要任务相对接，服务于"生态强省"战略。这包括深入推进资源性旅游产品价格改革、旅游产业准入退出提升等重点改革，建立健全旅游环保标准认证体系，不断完善旅游业考核评价制度，深入开展旅游生态示范区创建活动。以提高环境质量为核心，集中打好水污染、土壤污染、大气污染防治攻坚战，推进农村旅游环境整治，建设美丽乡村。创新武陵山片区生态文化旅游中心城发展模式，探索建设具有国际品质的现代化生态型城镇群落。将绿色化全面融入旅游现代化，推动低碳旅游发展，引导游客旅游方式和消费模式向节约、绿色、文明、健康的方向转变。积极推动旅游企业与湖南省社会科学院、中南林业科技大学等省内高等研究机构开展生态文化合作共建，成立湖南生态文化研究中心或基地。充分发挥科学技术在生态旅游发展中的巨大作用。支持和推动崀山生态文化旅游区、岳阳生态文化旅游长廊、湖湘风情文化旅游小镇等重点生态文化旅游项目建设，推进大湘西生态文化旅游圈建设，着力把湘西州打造成为国内外知名生态文化公园。

4. 深入推动工艺文化与旅游融合发展

湖南的传统手工艺术博大精深，现代工艺美术亦是多姿多彩，涵盖刺绣、陶瓷、雕塑、烟花、染织及民族工艺等十大类数百品类，是湖南文化发展的一张重要名片。比如，铜官陶器产于望城县铜官镇，该镇是全国著名的五大陶都之一，已有 1000 多年的生产历史。菊花石雕是浏阳县的独特手工艺品，用生成于 2 亿多年前的菊花石雕琢而成。据了解，到目前为止，全世界只有浏阳生产这种天然石，因此，浏阳菊花石雕被誉为"全球第一"。湘绣是中国四大名绣之一。湘绣的历史源远流长，湘绣手工艺产品蕴含的艺术内涵博大精深。早在 2500 多年前的春秋战国时期，湖南的地方刺绣就有了一定的发展，至清代末年，湘绣作为一门独特的传统文化艺术自成体系，湘绣艺人集多年经验已创造出用于刺绣花卉、山水、动物、人物的 70 多种针法，近年又创造出难度极大的"双面全异绣"。捞刀河刀剪是湖南省有名的工艺小商品，长沙县捞刀河镇生产。据《长沙县志》记载：早在 500 多年前，该地区刀剪生产就十分兴旺。所生产剪刀以开合和顺、剪布锋利、经久耐用著称，与北京王麻子、杭州张小泉的产品齐名。益阳安化千两茶制作技艺，采用传统方式制作的千两茶，号称世界茶王，享誉中外；等等。目前，全省共有 121 位资深工艺美术专业技艺人员荣获湖南省工艺美术大师荣誉称号。近年来，在大师的示范效应和引领作用下，一些濒危的传统工艺美术品类如邵阳的翻簧竹刻、洞口的墨晶石雕等得到了有效的传承和发展，很多传统工艺美术品类如长沙湘绣、浏阳烟花、醴陵陶瓷等加速推进了产业化发展步伐，全省工艺美术行业年产值由 2006 年的 180 亿元增加到 2013 年的 700 亿元。这些都为推动工艺文化与旅游融合发展提供了重要的资源基础和技术条件。

表 7 - 1　　首届"艾琳·国际工艺精品奖"湖南地区获奖名单

奖项	作品名称	作者	单位名称
银	湘绣《冰清玉洁》	潘妍、周慧文、成新湘、田桂容、韩超	湖南省湘绣研究所
银	湘绣《母爱》	刘雅、柳建新	中国工艺美术大师柳建新湘绣艺术工作室
铜	刺绣《碧玉新妆》	黄笛、刘晋宇、漆欣荣	湖南金球湘绣有限公司

表 7 - 2　　　　2016 年"金凤凰"创新产品设计大奖赛
（湖南地区金奖获奖名单）

奖项	作品名称	设计人	制作人	单位名称
金	黄杨木雕《游》	彭立祥	彭立祥	衡山县立祥雕刻工艺厂
金	竹刻《论语》	李勇为	李勇为	衡山千寻竹斋竹工艺品厂
金	陶艺罐《楚风粗陶罐》	王俊	王俊	长沙楚风陶社陶艺有限公司
金	陶艺《黑陶壶》	刘志广	刘志广	长沙市望城区铜官窑广华鑫陶艺有限公司
金	系列陶艺《新铜官窑》	刘兆明	刘兆明	长沙市望城区铜官镇兆明艺墟设计工作室
金	陶瓷《大闹天宫》	阳强玲、李爱夫	阳强玲、李爱夫	衡阳市五彩瓷艺有限公司
金	刺绣《连年有余》	黄笛、邓超	彭建美	湖南金球湘绣有限公司
金	织锦《龙凤人马纹》	傅家轩、傅元庆	叶水云	个人工作室

然而长期以来，我们对工艺文化与旅游融合发展不够重视，这也让旅游消费失去了许多增长机会和营利点。推动工艺文化与旅游融合发展，应加快构建优秀传统手工艺传承体系，实施传统工艺扶持计划和古籍保护计划，重点针对传统手工艺为主的非遗传承人群，组织传承人到院校或企业研修研习，推动交流与互鉴。鼓励和推动旅游企业到传统手工艺项目所在地设立工作站和重点实验室，支持历史传统文化街区、文化生态保护试验区、旅游景区设立传统手工艺品展销基地，拓展传统手工艺品展销售渠道。利用科技改造提升工艺美术产业，增强其创新能力、提高其质量效益。积极开发工艺文化旅游产品，推出一批新颖性、地方性、美观性、实用性有机结合的工艺文化衍生品和旅游纪念品，比如手帕、鞋包等日常饰品，激发受众的购买欲望和共鸣情绪。积极利用互联网平台，扩大湖湘工艺美术品的知名度和影响面，比如，可以尝试开发一种适合旅行者手工艺技艺学习APP 软件，让游客通过这款学习 APP，了解和掌握更多自己感兴趣的手工艺技巧，增强旅游的文化体验性。同时可以开设湖湘手工艺公共微信账号，普及一些手工艺知识，发布手工艺主题活动。

第二节　湖南省文化与旅游深度融合发展的推进策略

一　深化管理改革，进一步完善促进融合的顶层制度设计

要从"大文化""大旅游""大市场"的角度推进全省文化旅游融合发展管理体制改革，破除目前湖南在文化旅游融合发展上的"分业分区"管理格局。建议在省级层面建立统一开放高效的文化旅游融合发展领导机构，由省宣传文化部门牵头，由旅游、税收、金融、国土、工商执法部门联合参加，组建省文化旅游融合发展领导小组，省长挂帅，小组办公室设在省文化厅，负责日常管理工作。在各州县也要设立由州县主要领导挂帅的文化旅游办公室，负责协调地方文化旅游融合发展工作事务。要进一步加强和完善文化产业与旅游产业融合

发展的顶层规划工作。立足于全域旅游背景，尽快制定出台《湖南文化产业与旅游产业融合发展远景规划（2017—2026）》，对湖南文化旅游融合发展的空间布局和产业结构做进一步优化，推进大湘西文化旅游融合发展示范区及文化旅游特色县建设。制定出台一系列"含金量高"的财政优惠政策，根据需要设立不同内容的专项基金，如"产业融合市场开发基金""融合型产品营销基金""创新性文化旅游人才引进基金""文化旅游环境改善投资基金"等，建议在长株潭地区建立文化旅游自由贸易试验区。要进一步完善文化旅游融合发展的约束机制，通过制定一系列地方法规来实现对相关利益主体行为的约束与监督。

二　培育融合市场，进一步发挥市场在促进融合中的决定作用

要着力培育民众的文化旅游消费意识。政府要进一步加强对文化旅游项目的宣传和推介，建议实行居民文化旅游消费积分累计卡制度，根据积分等级，政府有差别地给予当地居民适当消费补贴，积分越高，补贴越多，以刺激居民的文化旅游消费热情。要加大文化旅游市场的执法力度。进一步完善线上旅行社团和导游的资质管理和认证，完善旅行社团的业务管理制度，从事后管理向事中管理转变，建立对旅行社团或景区企业发起的组团旅游的全过程监督机制，防止和严惩对消费者权益侵犯的行为。加大对旅游景区的治安管理，对宰客、破坏环境、黑心餐饮等违法行为加大惩罚力度，加强对文化旅游产品的知识产权保护，完善文化旅游资本运营。要转变政府职能，进一步下放文化旅游项目审批权。要对政府干预文化旅游市场行为实行减法，注重发挥市场在文化旅游资源配置中的基础性作用。继续深化文化企业、旅游企业体制改革，建立产权清晰、权责明确、管理科学的现代企业制度。支持和促进文化产业和旅游产业融合发展的生态集聚。

三　促进空间集聚，进一步提升产业融合园（城）区的开发水平

文化旅游产业园区和文化旅游城是文化产业与旅游产业融合发展空间集聚的两种主要形态，它们对于整合资源，提升产业要素的附加价值和规模效益都有极大意义。文化旅游产业园区是指在文化底蕴深

厚、创意含量丰富的特定空间内，以文化创意构成旅游及其相关产业链，从而形成的旅游景区、企业及相关部门的空间集中和功能集聚区。湖南要在进一步规范现有文化旅游产业园区建设的基础上，着力打造一批科技含量高的文化旅游产业园区。在园区开发方面，要注重文化旅游产业园内要素体系的建设，从硬件和软件两个方面完善提升餐饮、住宿、交通、购物、娱乐等基础设施，拓宽产业要素和配套工程体系，与社会经济文化资源全面结合，形成集"吃、住、行、游、购、娱、体、学、疗、悟"于一身的完善的产业要素体系。在园区的项目和产品打造上，要注重增强其体验性和创意性。在园区融资上，要坚持和完善政府主导下的市场化投融资机制，注重吸引民间投资力量入驻。构建以文化旅游经营项目盈利、项目品牌盈利、项目价值盈利为主的多元盈利模式，实现园区产业整体的盈利最大化。文化旅游城是基于一定的文化旅游创意与土地基础，以文化旅游休闲和休憩为导向进行土地综合开发而形成的，以互动发展的度假酒店集群、综合休闲游乐项目、休闲地产社区为核心功能构架，整体服务品质较高的文化旅游休闲集聚区。湖南要在环洞庭湖区域打造系列"南方水城"品牌，在大湘西地区打造系列"南方山城"品牌，在长沙、株洲、湘潭等城市打造楚文化旅游城市圈，而在一些地域民俗突出的县城可以打造若干个特色民俗文化旅游城。

四　优化人才队伍，进一步完善文化旅游人才的培养使用机制

文化创意人才和旅游开发人才的厚度是决定文旅产业融合发展成效的关键。实施"千名文化旅游高端人才"引进工程，要通过广发"英雄帖"，设立优越待遇和宽松环境，向海内外招揽和引进高端文化创意人才和旅游开发人才，吸引国内沿海发达地区文化旅游创业精英向湖南"迁徙"。实施文化旅游人才"走出去轮训"计划，以交流、考察、挂职、进修等形式，定期选拔全省各地有潜力的文化旅游从业人员到西方文化旅游发展较好的国家或者兄弟省区学习，提高从业技能和素质。实施"万名文化旅游人才"共育共享工程，一方面，要促进文化旅游园区、基地、景区、企业与地方院校合作，定向培养所需产业人才，在条件合适的园区、基地、景区、企业建立文化旅游人才

实习基地,培养本土优秀的文旅产业人才;另一方面,要建立湖南文化旅游人才数据库,完善文化旅游人才招聘市场建设,定期发布湖南各地文化旅游产业人才需求信息和发展报告,促进省内文化旅游人才的自由流动,鼓励文化行业和旅游行业协会制定人才分类标准及人才测评标准,建设和完善职业资格认证体系,开展人才职业资格认证和相关培训。创新文化旅游人才激励机制,完善工资、医疗待遇、职称评定、养老保障等激励政策,设立金牌导游、创意旅游产品设计、优秀旅游演艺人才评选等专项奖励基金,定期开展评选湖南百名金牌导游、美食大师、旅游职业经理人、景区治安模范人物、文化旅游企业家等评选活动。

五 发展产业集团,进一步推动文化旅游企业集团化发展

文化旅游产业集团化是指基于某一核心文化资源,引导文化产业、旅游产业和相关产业及配套设施和服务,按照专业化分工和协作关系,共同形成的互相联系的复杂系统。集团化发展有助于实现区域内文化旅游资产资源的优化配置,形成更具竞争力的市场主体。加快推进文化旅游企业集团化发展,一是要加强政府引导,通过对国有文化旅游企业进行股份制改造,采取全资注入、兼并改造、委托经营等方式,整合全省国有文化旅游企业,组建文化旅游"航母"企业。目前,湖南尚未建立一家国有文化旅游"航母"企业,这与湖南作为文化旅游大省的地位极不相称。未来几年,湖南至少应组建1—2家国有文化旅游"航母"企业。二是要支持和鼓励省内大型文化旅游企业积极整合相关辅助企业,构建多元化发展的文化旅游集团。文化旅游产业是一个综合性的产业,它不仅涉及餐饮、住宿、交通、购物、娱乐等方面,还涉及文艺表演、创意设计、景观建筑等诸多领域,因此,应出台相关政策支持和鼓励省内大型文化旅游企业加强对这些相关辅助企业的整合,以延伸产业链,构建起多元化盈利模式。三是要加强跨区域战略合作,组建跨区域文化旅游集团公司。鼓励和支持省内有条件的文化旅游企业同兄弟省区具有同类资源的文化旅游企业对接乃至战略并购,实现优势互补,强强联手,从而快速有效地占据省外市场。在条件成熟的情况下,可尝试与国外优秀文化旅游企业进行战略合作，组建跨国文化旅游集团公司，以开拓海外文旅市场。在未来几年内，湖南至少应拥有几家跨国文化旅游集团公司。

六　加快信息化建设，进一步提升产业融合发展的信息化水平

信息化时代文化旅游融合发展要充分利用信息技术、数据库技术和网络技术，对区域旅游文化各类资源进行加工和整合。一是要进一步加强对文化旅游信息化建设的统筹规划，促进文化旅游信息开放共享。研究编制湖南文化旅游信息化建设的年度工作计划、中期发展规划和长期战略指导意见。加强对文化旅游信息化的组织领导，对全省文化旅游信息化做统一布置、全面推进，避免单打独斗、各自为政，以提高效率和效益。研究制定并推行旅游信息化的技术标准、工作规范，开展经常性、分层次、多主题的工作和业务培训。推动文化旅游行业间的数据实时共享，管理部门与企业、行业与行业建立数据开放平台，定期发布和交换相关数据。二是加强基础支持，加快文化旅游信息化系统的整合，逐步消除"信息孤岛"，提升文化旅游吸引力。要推动移动电子商务、旅游大数据系统分析、人工智能技术等在旅游业应用更加广泛，培育若干实力雄厚的以智慧旅游为主营业务的企业，形成系统化的智慧旅游价值链网络。重视应用网络对外开展旅游推广宣传，这包括将官方政务和资讯网站翻译成外语开展对外宣传展示；在重点目的地国家和地区建立网站进行旅游推广宣传。积极建设和运营官方微信、旅游手机报、旅游云平台等基础信息平台。重视网络新媒体宣传推广，围绕重大活动和重要节点，通过微信、微博等开展趣味性、互动性、及时性、吸引力很强的新媒体推广宣传。深度拓展互联网旅游演艺产业，建立拥有线上线下多元化娱乐生态的产业集群。三是加强队伍建设，利用事业单位改革、政府机构改革和全面深化改革的有利时机，实现文化旅游信息化工作、机构、队伍的准确定性、定位、定职能，并加快培养既懂文化旅游又懂信息化的复合型人才，实现增强文化旅游信息化队伍稳定性、专业性和整体素质的目标。四是建立和完善文化旅游信息化考核评价和激励机制，省文化厅、旅游局定期对各地区、城市和重点企业旅游信息化工作和发展水平进行考核，对成绩突出的予以表彰、奖励。

第八章　湖南农村电商扶贫的认知与现实基础

　　摆脱贫困，逐步推进共同富裕，一直是我国扶贫工作的重点任务。随着"互联网＋"催生大量新模式新业态，农村电商被推到风口浪尖，短短几年农村日渐成为电商发展的新蓝海，也成为"十三五"规划扶贫攻坚战的重要内容。2015年11月国务院下发《关于打赢脱贫攻坚战的决定》，明确提出"互联网＋精准扶贫"电商扶贫工程，将互联网作为探索精准扶贫工作的有效途径，来帮助贫困农民脱贫减贫。2017年的中央一号文件，首次将农村电商作为一个大条目单独列出来，明确提出："促进新型农业经营主体、加工流通企业与电商企业全面对接融合，推动线上线下互动发展。"此外还提出加快建立健全适应农产品电商发展的标准体系，支持农产品电商平台和乡村电商服务站点建设，推动商贸、供销、邮政、电商互联互通，鼓励地方规范发展电商产业园，全面实施信息进村入户工程等内容。这些文件充分体现出中共中央和国务院对农村电子商务发展的重视，农村电商政策春风已经吹起来了。

　　市场方面，农村作为电商发展的新突破口，几大电商巨头早就开始布局广大的农村市场，淘宝2014年开始布局千县万村，京东紧随其后推出京东帮，其他电商企业也不甘落后纷纷出手，农村电商如雨后春笋般涌现。据《中国农村电子商务发展报告（2015—2016）》显示，2015年我国农村网购市场规模达3530亿元，2016年全国农村网络零售额达8945.4亿元，农村网络零售额在全国网络零售额的占比持续提升，2016年已经占到17.4%。与此同时，也诞生了如义乌、遂昌、通榆、武功等农村电子商务典型县，淘宝县、淘宝村发展如火如荼，产生了良好的示范带动作用，农村电商发展呈现群雄并起局面。

湖南省作为农业大省，特色农产品丰富，发展特色农业有着得天独厚的优势。充分发掘特色农产品价值，是湖南顺应互联网经济发展潮流，实现广大贫困地区脱贫致富，打造面向国内外的内陆开放型、外向型经济高地的重要抓手之一。

第一节 湖南农村电商扶贫的定位

"十三五"时期，湖南省还有武陵山、罗霄山两大集中连片贫困地区、51 个扶贫开发工作重点县、8000 个贫困村、约 465 万贫困人口。这部分贫困人口当中，有 180 万人左右因病致贫，其中不少丧失劳动能力，70 万人生活在高寒山区、石漠地区、地质灾害多发区等自然灾害多发地区，要帮助这部分群众脱贫，难度可想而知。因此，推进湖南农村电商扶贫工作，探索出一条行之有效的扶贫新路径，不仅是新形势下扶贫工作的发展需要，而且对于发展湖南外向型经济具有重要意义。

一 电商扶贫是实践新形势下"精准扶贫"的发展需要

2013 年，习近平总书记在湖南湘西考察时首次提出"精准扶贫"的重要思想，几年过去后，湖南在精准扶贫工作中做出了成绩，探索了一些有价值的扶贫开发经验。在精准识贫后，探索了多渠道、多元化的精准扶贫新路径，变"输血"为"造血"，凸显产业扶持方针，取得了一定扶贫实效。但扶贫的道路仍很艰巨，产业扶贫面临着资金投入、产品滞销、管理人才匮乏等方面的问题。根据"精准滴灌、对症下药"的扶贫原则，湖南贫困地区的产业扶贫主要集中在农特产品的生产、销售，旅游资源的开发方面。电子商务对农特产品的推广销售、旅游资源的宣传开发具有较强的优势，随着时代发展，电商扶贫已逐渐被大众接受，并取得惊人的发展，电商经营不需要复杂技术，操作相对简便，营销无时间地点限制，能够方便使用线上线下营销，能够与客户直接打交道，积累客户资源，这些优点为电商应用于精准扶贫提供了新途径。

二　电商扶贫是实现全面小康社会的有效途径

扶贫对象以偏远地区的农民为主，这些贫困户所处地域分散，山清水秀，物产丰富，适合于农特产品生产、旅游项目开发等产业扶贫。如由政府引导，种植基地、电商企业和传统渠道商等各方参与的扶贫项目"湖南冰糖橙"开启了电商精准扶贫的新模式；武陵山贫困片区张家界实施了"互联网+旅游"行动计划，在旅游电子商务、互联网宣传和管理等服务体系建设方面进行了有益探索等。电商可以充分激发贫困户主动脱贫的热情，让他们发挥当地农特产品和旅游资源的优势，帮助他们销售农特产品，推广乡村旅游，实现脱贫增收。

三　电商扶贫是塑造特色品牌的有效手段

湖南很多贫困地区因为种种原因，目前仍然处于"守着金窝讨饭吃"的状态，通过扶贫开发，进行产业发展、文化旅游开发、农业种植养殖，并不难在绿水青山中发展生态经济。湖南山区物产丰富，很多农产品颇具特色，比如湘西腊肉、雪粑鸭、柑、红心猕猴桃，邵阳猪血丸子，武冈卤豆腐、铜鹅，怀化雕花蜜饯、黔阳冰糖橙、沅陵晒兰，张家界何首乌粉、石耳、龙山百合等，这些都是在当地有名的特色农产品，而这些地方恰恰分布在武陵山贫困地区。当然这仅仅是湖南农特产品中很小的一部分，还有很多地方特色农产品、特色小吃、药材、手工艺品等，这些绝大部分都可以借助电商进行宣传、推广以及销售，扩大生产进行增收。电商借助互联网扩大了销路，能够避免滞销或贱卖等情形，消费者也愿意借助互联网吃到放心安全的农特产品。另外，同样可以依托当地美丽的自然风光、文化活动，借助电商进行宣传和在线销售门票，进行农家乐订餐、旅游套票订购等。在湖南的精准扶贫过程中，由于电商的便捷性，容易将农特产品电商、生态文化旅游电商做出特色、做出品牌来，促进经济发展，改善人们生活。

四　电商扶贫是培养新农人的有力举措

精准扶贫应从"给票子"变为"给路子"，从"拿钱"变为"生钱"，在进行产业扶贫的同时进行教育扶贫，提高贫困农民的文化水平和谋生能力。目前在强大的平台支撑下，电商容易入门，只要使用智能手机就可以学做电商。在做电商的过程中，贫困农民通过培训、实践，学习到了新技术，学会了互联网操作，自然而然视野开阔了，文化水平提上来了，脱贫致富的能力渐渐也会提高。通过电商带动贫困农民致富的过程，也是培养新农人的过程。

第二节 湖南省农村电商扶贫的现实基础

近年来，湖南充分意识到农村电商发展带来的机遇，加大政策扶持力度，树立典型标杆，紧赶快追抢占先机，农村电商发展呈现出发展态势较好，亮点较突出的势头，为电商扶贫奠定了良好的基础。

一 区域通达能力明显增强，基础设施支撑有力

湖南省地处中国中部，物流配送具有先天地理便利和区位优势，能够大大降低互联网创业的运输成本、物流成本。通常创业成本可分为软性成本和硬性成本。软性成本是指在生产经营中为所需公共服务而支付的成本，包括交易成本与运输成本。硬性成本也称为直接成本，包括劳动力成本、土地成本、场地厂房、设备成本等。互联网创业成本主要是软成本。物流业发达使买家足不出户就可以便捷地得到全国各地的产品，也使卖家的产品得以销往全国甚至海外，"淘宝""京东"的繁荣，很大程度上取决于物流快递、信息技术的迅猛发展。湖南被认为是中部地区最具吸引力的电商企业落户地。长沙是全国高铁枢纽城市，长沙和衡阳是全国45个公路主枢纽城市，株洲是中南地区最大的铁路枢纽。沪昆高铁通车后，长沙成为中国第一个高铁交会点，形成了"12345"快速通达格局，即1小时到武汉，2小时到广州，3小时到上海、香港，4小时到昆明，5小时到北京的快速交通格局。目前，湖南物流配送当日递、次日达区域能够覆盖全国80%的网购市场。"四通一达"和顺丰等国内知名物流快递早些年就已落户湖南，全球四大快递巨头、德国邮政、马士基集团等国际知名物流企业均在湖南设有分支机构。2014年年初，长沙还获批国家跨境电子商

务服务试点城市。与东部和西部地区相比，湖南产品服务输出与输入的物流成本和物流效率都有比较优势，大大增强了互联网创业的吸引力。随着黄花机场国际物流园、临空产业区的加快建设与投入，湖南作为中部最大的高铁枢纽中心，其在商品集散、国际航空物流辐射带动力方面更具优势。

二　网络购物市场动力十足，跻身网购消费大省

近年来，湖南宏观经济发展保持平稳向好态势，电子商务增长速度很快，发展效益比较明显。截至 2016 年 12 月，全省网民数 3013 万人，互联网普及率 44.4%，网民规模增速 13.6%。据湖南省统计局数据，湖南电子商务交易额 2010 年为 369.42 亿元，2014 年为 2588.7 亿元，其中网络零售额达到 457.9 亿元，电子商务服务带动就业人数超过 100 万人。2016 年湖南省全省电商交易额突破 2800 亿元，同比增长 34%。另外，湖南是全国重要的人流、物流、信息流、资金流中心。基于"一带一路"的战略新定位，湖南作为中部物流配送枢纽的区位交通优势更加凸显。此外，湖南三、四线城市网购消费不断上升，发展潜力巨大。可见，互联网在湖南的市场需求、市场空间巨大。

三　产业规模持续扩大，大型电商加速下沉

产业规模方面，近年来，湖南省农村和农产品交易规模持续扩大，农村和农产品电子商务交易额由 2014 年的 600 亿元增加至 2015 年的约 1000 亿元，同比增长 66.6%，在淘宝网（含天猫）平台上 2014 年湖南农产品销售额排名全国第 11 位。市场要素方面，阿里巴巴、京东商城等大型电商开始在湖南加速农村市场的渠道下沉，永州所有县、区同步整体推进阿里巴巴农村淘宝项目，京东商城部署"京东帮"县级服务站，各电商巨头都想在湖南农村电商这一块大蛋糕上分一杯羹。同时，电商扶贫力度不断增强，截至 2016 年，湖南 51 个扶贫开发工作重点县已有 7 个县成功申报成为全国电子商务进农村综合示范县，有 14 个县获评省级农村电子商务示范县。永州江永县 2014 年被商务部确定为"电商进农村"示范县，2015 年，全县电商交易总额达到 13.5 亿元，"江永五香"为主的本地特色农产品网销额

达到 3.5 亿元。据阿里巴巴发布的《2015 年中国县域电子商务报告》显示，湖南省娄底新化县进入 2015 年电商消贫十佳县市。据统计，在全省电商扶贫专项行动中，全省已建立 1000 多个村级服务站，京东、淘宝、苏宁等电商平台在全省范围内开设市县级特色馆近 30 家。

四 电商交易平台不断涌现，差异化发展态势明显

湖南农产品交易呈现出与地理地域相关的现象：好的农产品在自然环境好的地方种植，但交通的不便利阻碍了好的农产品的运输、加工、销售。同时农户与消费者之间的信息沟通不对称导致产品价值不被认同，好的农产品品牌一定是要让消费者从农产品背后的故事、种植基地、采摘体验、物流体验、可追溯、供应链可视化等维度全程展现的。例如，"褚橙"的热销就是人们对这一产品故事的认同，从而产生对高价水果的认同。传统的农产品产销模式不能很好地解决这些问题，"互联网＋"的思维促使农业经济的转型。目前湖南省内主要的农产品电商交易平台有：一是农村商贸综合服务平台 86077. com，该平台是一个基于互联网技术服务农村商贸流通的 B2B＋O2O 电子商务平台，平台以"一县一站、一村一社"的模式服务于广大农村商贸流通，使农村商贸流通企业移民互联网，农村商贸流通业务实现电商化，使"名优特工业品下乡，原生态农产品进城"。二是湖湘商贸（湘村购），致力于电子商务进农村，专注县级电子商务进农村的规划、建设及运营，平台融合产品展示、批发零售下单与实体批发集散中心结合运作，辅以电商物流园的云仓储配送（湘村快线），形成社会消费品从出厂到分拨中心到云仓储到终端消费的供应链整合，打造"一站式"批发采购与消费者购物体验，线上仓储直配与线下实体仓储结合，构建起基于"云"服务的县域互联网＋商贸流通一体化产业平台。三是农人公社，致力于打造天网、地网、人网、物流网及商品网"五网合一"的农村电商综合服务平台，成为中国最大的创新型农村电商运营机构。为提高农民生活品质和生产效益，公司以电商平台为基础，以渠道为核心，依托县、村两级服务站，实现"厂家直供"与"农产品进城"双向互通渠道，打造集农资采购、农品交易、农技交流、农村金融、农村物流等多维度的农村商业服务生态系统，形成独具特色的农人公社生态圈，构建新型村镇社区经济圈。四是中国惠农网，平台运用移动互联网技术互通供求两端的信息、交易、支付、物流等环节，有效解决农产品因产销信息不对称而导致的滞销、卖难买贵等问题，采用"平台＋当地运营商＋企业"的运营模式，以县域农业生产企业、农民专业合作社、种养殖大户和销地农产品经营企业、商户为主要服务对象，整合地方资源，聚焦产业优势，促进农产品销售信息化、标准化、品牌化，创新农产品销售方式，推动农业产业升级。五是云采惠，成功开发出了 B2B、B2C、O2O 等电子商务平台软件和客户管理系统（CRM）、企业资源计划（ERP）、供应链管理系统（SCM）、办公自动化系统（OA）、仓储管理系统（WMS）、懒人宝手机 APP 客户端等多项信息技术系统。特别是公司开发的"线下社区商业＋线上电子商务"的 O2O 支持平台，最大的特点是开放了众多接入点，便利店、餐饮、酒店、传媒、创业项目等都可以接入这个平台，将"供应商—平台—便利店—顾客"有效串联，使上游商家、下游消费者达成平台资源共享，以节点的多元灵活性，促成个体的多元化创新。六是智慧农村，公司致力于打造一个中国最大的农村公众服务平台。七是搜农坊，创新销售模式，更集中在预售和订单农业的模式，B2B 的大宗订单采用预售方式，基地直接配送到采购商，平台有专门针对大客户的销售人员，负责开发和维护大客户关系，目前大的采购商集中在学校、单位等集团的团购订单。B2C 的零售主要通过网站和微信平台进行线上销售，公司租赁有分拣中心，基地提供货源，分拣中心负责分拣、品控、包装、冷库储藏和第三方物流配送，部分产品由供应商自己负责物流发货。八是芒果生活快乐购，快乐购作为从电视媒体零售转型而来的电商，拥有电视、PC、手机三块屏幕，拥有内容制、播、变现的全套体系，以及成熟的媒体、售卖经验，而背靠湖南广电这个巨大的"IP"库，无疑值得多加瞩目。芒果生活以电视为流量入口，以微信微博等自媒体平台为工具吸纳粉丝，通过 APP 和天猫店铺在线下单，打通优质农产品从基地到消费者的通路。九是友阿农博汇，打造了 B2B2C 特色农产品网络购物平台。友阿云商已经搭建起以正品特卖购物平台友阿特品汇、生态农产品互联网交易平台友阿农博汇、跨境电商平台友阿海外购三大电商的互联网平台矩阵。十是云猴生鲜，采取"直营＋连锁加盟"的模式，面向全国市场，定位为中高端线上生鲜，"生鲜上跟实体店形成差异化。每一个商品都可以溯源，将选择从大米、水、鸡蛋、蔬菜等十个最民生的单品开始"。十一是沁坤电子商城，作为全国首家规模最大的大宗农产品现货交易商城，主要以农户、农产品生产企业、农产品经销商、农产品消费集团、农产品加工企业为服务对象。致力于解决传统大宗农产品交易中买卖双方的信用危机，缓解农产品滞销问题，打造农产品业的阿里巴巴。

第三节　湖南省农村电商扶贫环境

一　政策扶持力度不断增强

国家层面，从 2015 年开始，涉及农村电子商务的政策层出不穷，在《中共中央国务院关于加大改革创新力度加快农业现代化建设的若干意见》（中发〔2015〕1 号）中明确支持电商、物流、商贸、金融等企业参与涉农电子商务平台建设；《中共中央国务院关于深化供销合作社综合改革的决定》（中发〔2015〕11 号）指出供销合作社要顺应商业模式和消费方式深刻变革的新趋势，加快发展供销合作社电子商务，形成网上交易、仓储物流、终端配送一体化经营，实现线上线下融合发展；《国务院办公厅关于大力发展电子商务加快培育经济新动力的意见》（国发〔2015〕24 号）提出要积极发展农村电子商务，加强互联网与农业农村融合发展；《国务院 关于积极推进"互联网＋"行动的指导意见》（国发〔2015〕40 号）倡导开展电子商务进农村综合示范；《国务院办公厅关于推进线上线下互动加快商贸流通创新发展转型升级的意见》（国办发〔2015〕72 号）明确了商务部、财政部要引导电子商务企业与农村邮政、快递、供销、"万村千乡市场工程"、交通运输等既有网络和优势资源对接合作，对农村传统商业网点升级改造；《国务院办公厅关于促进农村电子商务加快发展的指导意见》（国办发〔2015〕78 号）专门针对农村电子商务发展提出了指导意见，明确了重点任务。2015 年 8 月，商务部等 19 部门联合印发了《关于加快发展农村电子商务的意见》。2015 年 9 月，农业部、国家发改委、商务部印发了《推进农业电子商务发展行动计划》，在深刻认识推进农业电子商务发展的重大意义的基础上，对重点任务进行了部署。2016 年 1 月，农业部开始对鲜活农产品、农业生产资料、休闲农业电子商务开展试点工作。紧接着，农业部、国家发改委、中央网信办等 8 部门联合印发了《"互联网＋"现代农业三年行动实施方案》。2017 年的中央一号文件，更是将农村电商作为一个大条目单独列出来。可以说，发展农村电商已经成为国家战略，发展农村电商成为"三农"的一个工作重点。省级层面，为推动"互联网＋"行动在湖南省商贸流通领域的贯彻落实，以省政府名义出台了《加快电子商务发展的若干政策措施》（湘政办发〔2013〕67 号），对包括农村电子商务在内的电商发展从政策和资金上给予大力支持；出台了《湖南省电子商务发展规划（2014—2020 年）》（湘政办发〔2014〕57 号），明确提出了湖南省发展电子商务的总体要求、主要任务、重点工程和保障措施等；出台了《关于大力发展电子商务加快培育经济新动力的实施意见》（湘政发〔2015〕50 号），意见提出，要积极发展农村电子商务，切实加强互联网与农业农村融合发展、完善支持农村电子商务发展的政策体系、支持农村电子商务综合平台及渠道建设、发展农村电子商务服务业等。与此同时，湖南省商务厅还制订了《湖南省"互联网＋商贸流通"行动计划》（湘商电〔2015〕18 号），提出"着力再造县乡流通体系"的重点任务；与省经信委、省农委联合印发了《湖南省移动互联网与农业产业化融合发展实施方案》；与省扶贫办联合印发了《关于引导和促进电商产业扶贫的实施意见》（湘商电〔2016〕6 号）等，逐步构建了推进发展农村电子商务的政策支撑体系。

二　电商扶贫专项行动不断深化

2015 年以来，湖南省商务厅结合商务部门的职能和推进商贸流通现代化的工作实际，积极探索具有湖南特色的电子商务扶贫模式，出台了系列政策文件，把电商扶贫作为重中之重，强化商务激励机制，在税收、贷款、培训等各方面给予"真金白银"的奖励。2016 年 4 月，湖南省扶贫开发办公室与湖南省商务厅联合印发了《关于引导和促进电商扶贫的实施意见》（湘发〔2016〕7 号），提出以湖南省 51 个贫困县为重点区域，以该省 8000 个建档立卡贫困村为重点对象，以增加农民收入为基点、以市场为导向、以企业为主体、以培育产业为重点，打造具有市场竞争力的农产品和农村电商体系。在积极争取全国电子商务进农村综合示范项目在湖南实施的同时，湖南还从省级流通产业促进专项资金中单列 8000 万元，用于发展农村电子商务和推进电商扶贫专项行动，重点支持 51 个扶贫开发工作重点县，用于推进特色农产品产销对接，拓展销售市场，开展农村电子商务培训，普及电子商务应用。此外，湖南省扶贫办拨付资金 2000 万元用于支持贫困村设立电商服务站、帮助贫困家庭上网开店。2016 年 9 月该厅又从流通产业促进专项资金中拨付 2789 万元，全部集中安排给贫困县，用于推进电商扶贫工作。目前，国家级电商示范企业农商通公司在城步、双牌、溆浦、桑植等 12 个贫困县建立了县级服务中心，通过和当地的传统商贸企业合作，在 B2B 的基础上对贫困村开展 O2O 业务。城步县丹口镇坪子寨村级电商服务站于 4 月底开通，依托本村的农家店，通过销售工业品、代卖本村农特产品、为村民就近提供代缴话费、电费、亲情服务、代订机票和车票等服务，帮助村民发布农特产品供应信息促进销售。经营户通过工业品下行销售、提供服务获取佣金，农产品的收集转售获取相应利润。目前，会同县"互联网 + 民生服务"项目试点工作稳步推进，通过县政府和中国电信的合作，将政务外网的端口直接开通到村委会的所在地。并在村委会的所在地建设以政务公开为中心的村级服务站。目前，已在该县 11 个乡镇建成村级服务站 110 个。按照"政府引导、社会协同、企业运营、群众共享"的模式，各村级服务站做好政务、商业、公益三大类服务。洞口县积极引进"农家好伙计"、阿里巴巴"农村淘宝"、"云创电商"三家农村电商平台，目前已建立县级电商服务中心 3 个、村级电商服务站点 215 个，农村电商覆盖 80% 贫困村。

第四节　湖南省农村电商扶贫面临的问题

农村电商发展来势凶猛，但是 2014 年和 2015 年湖南农村和农产品电子商务只占全省电子商务交易总额的 23%，在处于转型升级关键期，新技术、新产品、新业态、新模式不断涌现的湖南，湖南农村电商扶贫重点还需要解决几大难题。

一　无序发展，产品同质化现象明显

湖南省农村电商发展目前呈现出无序发展的状况，从中央到湖南省到各市州出台了很多文件，但是农村电商工作没有形成部门合力。一方面造成许多事情停留在"多头管理"和"文件管理"上；另一方面则是农村电商的趋同投资和重复建设相当严重，造成大量资源浪费。同时，由于电商产品结构及产业链条短，产品雷同率高带来同质化问题突出。湖南享有"鱼米之乡"美誉，水稻、柑橘、苎麻产量居全国首位，活猪、大米、茶叶、烤烟等特色农产品种类繁多，但从天猫、淘宝、京东等电商平台线上产品结构及产品种类来看，相似度高，特色不突出，价格战促销问题带来附加值普遍较低。

二　产业落后，标准化建设亟待加强

目前湖南农村电商发展在"农产品进城"方面发展并不尽如人意，农业产业化程度不高，农产品规模化、标准化、品牌化、特色化程度较低。知名农产品品牌少，农产品网上销售意识薄弱、季节性强、缺少市场竞争力。农产品生产还是以小、散为主，个别大的种养大户和专业合作社缺乏质量意识和品牌意识，没有建立涵盖生产过程控制、质量检验、清理筛选、分级包装、冷藏保鲜等环节的一整套质量管理体系，是否"绿色"、是否"有机"、是否"农残留"等消费者关注的问题没有得到解决。正是因为标准化建设严重滞后，各个农场或合作社生产的农产品差异过大，无法进行统一识别和分级，只能按照土特产的路子，一个地方一个牌子，不利于市场做大做强。

三　人才缺乏，经营理念相对滞后

目前湖南农业电商大多数还停留在卖一卖应季土特产的低端经营理念的层面，经营主体主要是个人或者家庭，服务意识不强，只是把电商当作副业来做，而没有当作事业来做。加之本身素质普遍相对较低，不能适应电商平台发展的需要，就淘宝天猫平台而言，目前出现了很多新的推广玩法，除了传统的直通车、钻石展位、淘宝客、SEO优化（即搜索引擎优化）等，又兴起了千人千面、购物清单、达人推荐、网红视频推荐等新玩法，这些新的玩法要求经营者必须要有一支涵盖运营、客服、美工等职位在内的优秀的团队才能实现，而农业电商显然缺乏这方面的人才，而优秀的人才就目前的情况而言，多往经济发达的大城市聚集，也不愿意到农村去工作。

四　基础薄弱，电商仓储物流成本高

农村电商的发展离不开仓储物流和网络通信，但是现阶段湖南省农村仓储物流配套缺乏，冷链物流发展缓慢，物流配送"最后一公里"问题没解决。乡镇物流网点较少，农户又多为分散居住，因此物流集中收派件较为困难。就湖南省而言，目前圆通、中通、申通、韵达、邮政等主流快递公司，在经济较发达、地理不是很偏远的乡镇一级均有网点，但是村组一级网点仍为空白，与之相对应的发达省市，如江浙沪地区，基本上物流已经实现了村组一级的全覆盖，这也是造成湖南省农业电商与江浙沪差距较大的客观原因之一。同时农村信息化基础设施建设滞后，农村互联网存在入户率较低、农民上网费用高、传输速度慢、终端设备少等问题。

第九章 湖南农村电商扶贫的推进策略

第一节 湖南农村电子商务扶贫的模式选择

当前，农村电商扶贫已受到相关部门的高度重视。2015 年，阿里研究院发布《电商赋能弱鸟高飞——电商消贫报告》，将建设电商基础设施、培育电商生态意识、构建本土化电商服务体系，引领贫困人群从互联网技术及互联网创新、创业中来实现脱贫致富。不过，由于不同地域下电商扶贫运作方式与方法的差异，加之参与主体的博弈，使得电商扶贫的模式选择与实践有其自身的独特性。可以肯定的是，电商扶贫模式的选择和实践，要立足农村扶贫工作实际，利用合适的电商平台拓宽贫困群体的增收渠道，鼓励贫困群体的参与度。

一 当前农村电商扶贫模式

农村电商扶贫模式在应用中，考虑到扶贫对象的差异性，而选择不同的扶贫模式。当前，在我国存在以下几种主要模式。

一是以公共机构为主导的农村电商扶贫模式。对于公共机构电商扶贫模式，主要是以政府及科研教育机构等公共机构为主体，利用公共机构资金来创建农村电商扶贫平台，推介地域农产品品牌，来弥补单纯市场化电商服务所带来的缺陷。公共机构电商扶贫平台在运营上，从人才、技术、设施等资源整合上来服务广大贫困人群，包括对农户电商平台创建、运营与实施等具体内容，具有公益性。从公共机构电商扶贫模式实施效果来看，以公共机构来推动平台的建立、组织与规划，以服务农村扶贫对象为主，资金易落实，可以抽调专人、技术骨干来支撑农村电商扶贫工作，克服市场机制无法保障的农村电商服务有效供给。但同时，公共机构电商扶贫模式自身体制较为僵化，基本延续了政府参与社会管理的体制性问题，特别是创新能力不足，公共投入对政府财政需求大，缺乏内部有效的激励机制，行政干预影响较大，导致公共平台运营缺乏市场独立性。

二是以农业企业为主体的农村电商扶贫模式。针对农业类企业电商扶贫模式，主要围绕农业类企业，在政府引导下与高等院校、科研机构及其他电商企业资源展开农村电商扶贫服务平台市场管理，重点向涉农企业及贫困农民提供有偿电商服务。在运营模式上，农业企业电商扶贫机制是依托企业化运作，具有相对独立性、市场化、自主经营、自负盈亏特点，能够考虑企业利益、农民利益来优化农业扶贫模式，保障农业类企业、贫困农民获得收益。当然，在农业类企业电商扶贫模式创新机制上，采用独立法人制度，优化人力结构、完善内部分配制度，增强了电商扶贫的活力。如在农业企业电商扶贫模式中，农业企业服务意识较高，主动参与市场调研与需求分析，注重管理创新与服务创新，特别是在提升管理效率上，积极从技术上、人才引入上来增强服务竞争力。但同时，在农业企业电商扶贫模式实施中，由于不同地区农业产业化发展存在不均衡性，在构建企业电商扶贫服务平台上易受到地域经济环境的影响；另外，农业企业在追求营利性与开展扶贫工作服务性上易产生矛盾，降低了电商扶贫的服务效度。

三是以合作社为主的农村电商扶贫模式。合作社电商扶贫模式主要以合作社为主体，鼓励合作社成员参与到农村电商扶贫工作中，政府在合作社电商扶贫引导时，充分结合电商扶贫项目，衔接好高等院校、科研机构、电商中介企业等优势资源，来更好地服务贫困地区和贫困人群。在合作社电商扶贫模式实施上，由政府扶持合作社共同构建农村电商扶贫服务平台，并从人力投入、政策倾斜、资金投入等方面，来壮大合作社农村电商扶贫服务平台的影响力、覆盖面，特别是对贫困人群给予更多的扶贫服务。合作社电商扶贫模式本身在组织上较为稳定，且结合不同地域农村来建立相对稳定的合作社组织架构，围绕农村农民的需求来展开电商扶贫工作。如提供专业涉农信息，提供农民电商培训，提供涉农电商物流服务等。当然，合作社电商扶贫模式也存在不足，一方面在建设成本上较高，对政府财政依赖性较大；另一方面在农村资源整合上，面临更多的实际问题，如行政审批项目、人才组织、引进与管理成本，市场盈利模式不确定性，多数合作社缺乏应有的自负盈亏能力，在人员组织、技术支撑上缺乏保障。

二 湖南"品牌农产品＋农村电商平台＋贫困户参与"模式的构建

从上述三种农村电商扶贫模式优劣势分析来看，单一的电商扶贫模式存在网商分散性强、单打独斗，发展势头不足等弊端，即便是对特困地区、贫困人群展开鼓励性"草根网店创业"扶持，因互联网经济及农产品产业变革而带来的竞争加剧，同样制约了农村电商扶贫成效。针对农村电商扶贫构建实际中的问题，首先，要明确农村电商扶贫的战略目标，要围绕扶贫目标来优化电商扶贫模式，破解农村贫困难题。其次，做好农村电商信息化服务，特别是在基础设施技术、网站平台建设、农业信息共享与网络营销模式实施等领域，从贫困人群培训、参与电商实践来增加农民收入。最后，做好农村电商信息中介平台建设，特别是引入第三方网上交易平台，来整合农村电商交易与其他大型电商平台的对接与联动，真正从"产、供、销"一条龙服务中，来实现供应链各环节的同步与协作，来推动农村经济的可持续发展。为此，结合湖南农村农产品地域性特点，从打造品牌、协同电商平台、鼓励贫困户参与，来构建地域性农村电商产业园区扶贫模式，将原来相对分散、各自为政的农村网商整合起来，提升农产品品牌竞争力，助推贫困人群脱贫。

在构建农村电商扶贫模式上，需要遵循四项原则。一是科学性。积极借鉴国内外成功农村电商扶贫方式及方法，力求全面了解农村电商扶贫需求，结合农村电商扶贫内外部环境及条件来科学选择电商扶贫模式。二是系统性。要认识到农村电商扶贫工作的系统性、全面性，要从制定完整的电商扶贫机制上来优化扶贫平台，协同各组织间的合作。三是目标性。农村电商扶贫模式设计要具有目标性，要致力于破解农村扶贫问题，要切实解决贫困，让农民脱贫致富。四是适用性。选择和应用农村电商扶贫模式，要结合地域实际情况，要充分发挥本土资源优势，选择可操作的、适合本土特色的电商扶贫模式。

第二节　湖南农村电商扶贫的推进策略

一　统筹地域农产品资源，推动特色农产品互联网化

创新电商扶贫模式，从打造地域性农产品产业集群优势上，政府作为电商产业园区规划的主导者，要深入到农村地域实际，尤其是对特困地区优质地域农产品资源进行整合。如湖南的茶叶、水稻、油茶、生猪等农产品，年产量均位居全国前列，很多优质农产品，"养在深闺人未识"，通过电商扶贫产业园区建设，来带动贫困农户拓宽网络销路，借助各大电商企业来抢占市场。当然，打造特色农产品产业园区，要充分调动本土农民，特别是贫困人群的参与积极性，要从电商服务支撑环境及配套设施建设上，推进资源共享，降低农村电商运营成本。引导长株潭地区、洞庭湖地区、湘南地区、大湘西地区四大农业板块，立足特色各异的资源禀赋、产业基础和传统农耕文化，培育竞争力强的区域农产品品牌。同时，以规模化、标准化、品牌化为重点重构农村产业链，以规模化推动农产品生产和加工，以标准化推动农产品质量提升，支持各地以优势企业和行业协会为依托打造区域特色品牌，引入现代要素改造提升传统名优品牌。如对于湘字号茶叶，安化县的黑茶，白沙溪的黑茶，长沙县金井镇的绿茶，岳阳洞庭湖的君山银针等茗茶，要从企业培育、品牌推广、产品包装与茶叶深加工等领域，提升茶叶品牌价值。同时，培育壮大电商龙头企业，集中力量，在全省打造两三家在全国有影响力的农村电商龙头企业，形成示范带动效应。加快农产品品质检测和监管体系建设，建立农产品质量安全可追溯体系和诚信体系，实现"从源头到餐桌"的农产品质量安全追溯体系。

二　整合涉农资金，加快推进电商平台建设

将精准扶贫、特色乡镇、美丽乡村、全域旅游等专项资金整合起来，继续遴选建设农村电子商务示范县，以点带面促进农村电商发

展。重点支持农产品电商平台建设，搭建电子商务创业孵化园和众创空间，在条件成熟的地区建设电子商务园区，形成创新突出、特色明显、产业链清晰、体系完善的电子商务聚集区，为电子商务创业人员提供场地支持和创业孵化服务。在协同省、市、县域电商合作平台体系上，要积极与电商巨头展开合作，引入阿里巴巴、京东、苏宁等行业巨头，打通湖南农村电商与诸多巨头们的合作渠道。从最初的农村建店，到构建农村电商生态体系，电商巨头已逐步搭建起了面向农村的生态框架。2016 年，京东集团与湖南凤凰县等 18 个贫困县签署战略合作协议，并与华润集团、韩都衣舍、美的集团等 10 家企业联手发布社会企业扶贫联盟发起倡议书，将通过打通"农产品进城"通道，建立农副产品、生鲜冷链物流，带动贫困地区脱贫。湖南丰富的地域特色农产品，越来越受到大型电商企业的关注，对于特困地区，依托电商扶贫产业园区建设机遇，进一步拓宽贫困地区农产品的市场营销战略，借助于大型电商行业资源、运营经验，来推进贫困地区电商扶贫工作取得实效。

三　突出人才引领，加快人才引进和培育

推进农村电商产业的健康发展，人才既是根本，也是基础。首先是提高领导干部的电商意识，明确农村电子商务对于实现农村产业发展、提高农民生活水平、提高农村社会发展水平的重要意义。可结合农村电商人才需求，从县域青年干部中选拔优秀人才与县域网商结成对子，发挥其在知识、技术上的优势，来更好地服务农村电商产业。其次是提高广大农民的"触网"意识，可依托阿里研究院、菜鸟网络等知名电商平台，积极组织广大农民工、农村过剩产业人员参与电商培训，特别是在学制上要注重灵活性，培养方向上要有针对性，要保障本地人才尽快上岗，胜任岗位。培养不仅了解农产品特点和市场，还能熟练使用电脑技术，精通电子商务的现代化新型农民，打造"诚信湘农"。最后是建立农村电子商务人才引进和培训体系，引进电商发展专业人才。可依托湖南省内大专院校，积极构建县域农村电商人才培养基地，为农村电商规划与发展输送专门性技能人才。鼓励商务、农业、劳动部门开展电子商务基础知识、网购操作、网上开店及

技巧等技能培训，培养电子商务、美工摄影、营销策划、物流管理等专业人才，破解农村电商专业人才欠缺的难题，为农村电商扶贫工作提供长远的人力保障。

四　完善基础设施，畅通电商发展渠道

从农村公路网建设来说，要尽快对还没有硬化的公路全部硬化，每年安排专项资金对破损公路进行修复，确保公路畅通。从农村物流发展来说，在县市建立物流分拨中心，与乡镇的邮局、供销社相连接，再将邮局、供销社与较大行政村、供销超市、农资超市、农村集市、班车等相连，盘活现有资源，解决农村物流的"最后一公里"；大力支持发展冷链物流，生鲜农产品对冷链物流要求较高，要支持电商企业建设冷储设施设备，优先发展产地集中、产品量大、附加值高的农产品冷链物流。从农村信息化基础设施建设来说，要全面推进光纤入村入户，实现4G网络全覆盖，加强现有网络提质提速，进一步提高宽带普及率和无线网络的覆盖水平。推动移动、联通、电信在提供优质服务的同时，在基本网络建设和网络资费等方面给予优惠政策。

五　强化政策扶持，规范县域电商有序发展

根据《国务院办公厅关于促进农村电子商务加快发展的指导意见》，湖南省在推进县域农村电商产业规划与建设发展中，尽快出台适合本县域实际的实施办法，明确农村电商的定位、目标和内容、布局，不盲目复制"淘宝村"模式，避免"运动式"发展，强调农村电商产业稳步推进。在农村电商产业园区规划上，避免"遍地开花"，在制定农村电商优惠政策上，防范政府扶持资金变为个别电商平台的"建设资金"，特别是在农村电商服务规范与市场监管上，坚决打击"假货""刷单"等不正当竞争行为，积极发挥行业协会、企业、社会组织等团体作用，来推进人才培训、技术辅导、创业咨询等公共服务工作。在农村金融政策扶持上，针对农村电商主体多元性问题，从授信、贷款支持、简化贷款手续等方面来进行完善；鼓励专业市场、网店联盟、消费者点评网站等第三方信用评价体系建设；鼓励金融机构、非银行支付机构参与到农村电商交易结算，为农村电商发展创造良好的环境。

第十章 案例分析

案例 1：以创新谋全局，加快开福
区文化产业做大做强

一 开福区文化产业的发展现状与主要问题

开福区作为长沙的主城区，是省属各文化企事业单位、文化集团公司最集中，规模和贡献分量最重的区域，形成了多个文化产业聚集区，培育了一批规模以上的民营文化企业，并相应打造了一批闻名全国、享誉中外的文化品牌。2015 年开福区文化产业增加值 165 亿元，占 GDP 的比重为 20% 左右，超出全市平均水平 11 个百分点，超出全省平均水平 14 个百分点，超出全国平均水平 16 个百分点；文化产业税收占比达 13%，首次超过房地产业，仅次于金融业，居全区第二位，是开福区真金白银的支柱产业。2016 年上半年，全区文化服务业实现税收 10 亿元，增幅高达 48%，文化服务业成为开福区经济发展的"重轴戏"和"压舱石"。

尽管近年来开福区文化产业取得了长足的进步，但从课题组实地调研掌握的情况来看，仍存在一些"瓶颈"难题，这些问题制约开福区文化产业的进一步做大做强。一是企业集团虽强，但本地优势企业仍需培育。开福区集聚的省广电集团、出版集团、报业集团、体育产业集团、网络集团五大文化企业集团竞争优势明显，但是本地优势文化企业尚未红海突围，难以形成自身核心竞争力。广大中小民营文化企业在激烈的市场竞争中处于劣势，不少小微企业经营困难。二是项目分布虽广，但服务配套能力仍需提升。开福区文化企业遍布，中小文化企业单打独斗、互不相干的状况普遍存在，缺少项目之间的配套和联动。产业缺乏关键环节的控制能力，产业层次不够，产业链各个环节的配套协作能力也不强。三是文化资源虽多，但潜力、活力、创新力仍需深挖。开福区是长沙市文化资源集中分布区，但文化资源和文化品牌整合度低，丰厚的文化资源没有转化为规模化和集约化的优势，传统特色文化未能找到产业化集群发展路径，在文化产业融合发展的大趋势下，新型文化业态释放文化消费红利不多、人气与产业集聚不紧。

二　推进供给侧结构性改革创新，做强开福区文化产业的对策建议

杜家毫书记在省十一次党代会报告中多次提到加快推动文化事业发展、促进"文化强省"建设，这为我们提供了"定心丸"和"指南针"。"十三五"期间，为实现开福区文化产业的突破性发展和历史性跨越，必须以满足人民群众日益增长的多样性文化产品需求为目标，以开福区的文化资源为依托，以基本产业转型供给侧结构性改革和消费市场升级需求创新为导向，以产业融合和改革创新为动力，进一步提升承载能力、优化环境、集聚关键要素，着力做大产业规模、凸显产业特色、打响"福"品牌，强化文化产业对开福区经济发展的支撑作用。

（一）以顶层设计为引领，推动文化产业资源大整合

1. 做好规划设计，强化领导机构和智力体系

一是明确文化产业发展指导思想。必须确立和秉持"以特求生存、以特谋发展、以特赢市场、以特提升竞争力"的基本理念。深挖历史文化底蕴，强化优势文化集团的配套服务工作，推动文化与金融、科技、旅游的深度融合，实施差异化、品牌化和创新创意三大战略，加快文化供给侧改革创新，巩固并壮大文化产业的支柱地位。二是强化文化产业发展的领导机构。建议区委宣传部门、区政府发展和改革局、财政局、文化体育新闻出版局、商务和旅游局、金融办以及行业相关部门多方联动，建立文化产业联席会议工作机制，统筹协调

文化发展中的重大问题，合力推动文化产业发展，提升文化建设科学化水平。三是借智高端智库、借力"娘家"。要借智开福区内湖南省社会科学院、湖南省社会科学界联合会、国防科学技术大学三大新型智库的人才优势，整合智力资源，创建开福文化产业研究院，发挥高端智库丰富的决策、科研与文化资源优势；也要多联系省委宣传部、省文化厅、省经信委这些"娘家"大单位，形成发展文化事业产业的强大合力。

2. 整合文化产业资源，优化资源配置和项目结构

一是充分发挥国家宏观调控下市场对文化资源配置的基础性作用。通过深化体制改革，使文化产业资源的配置转向主要依靠市场配置方式和市场机制作用，以有力促进资源配置的合理化和资源整合的最佳化；进一步加强集团化建设，在规模化、集约化经营中实现文化资源的合理流动和优化整合。二是以优势项目和产业带动资源整合，以影视业、演艺娱乐业、动漫业、数字出版业等带动资源整合，并使资源整合向复合型方向发展；推动组建文化发展投资公司，通过项目招商来整合文化资源，有效提高其集中度、转化率和增值量。三是通过结构调整来提高资源整合的效率和效益。积极进行空间结构调整，优化"一核三区"的空间布局和突出本区文化产业特色和产品特色；积极进行所有制结构调整，大力推动股份制改造和产权改革；积极进行产品结构调整，构建品种多样化和功能多样化的特色产品链；鼓励和吸收更多的民营资本进入文化投资领域，提升文化金融结构的活力，积极参与文化产业项目的开发和文化产品的生产经营。

（二）以产业集聚为抓手，构建现代产城融合大体系

1. 推进文化产业与相关产业、业态融合

开福区应以"创新、融合、提升"为发展主线，从城市发展战略的高度规划文化创意产业的新发展，着力营造创新氛围，着力加强高端要素的集聚。发展模式上，开福区可以借鉴北京与上海文化产业与其他产业融合发展的经验，沿着三条主要的路径而展开。一是"链"式路径，强调产业链上的整合与拓展，主要立足于技术、产品与渠道三个层面。在技术层面，鼓励文化产品创意的多重开发，主要是利用

数字化、网络化等虚拟技术手段，推动影视、动漫、文化旅游等产品多形态类型的系列化开发；在渠道层面，主要是依托湘绣、潮宗街、开福寺等传统文化产业的转型升级和文化生产、传播方式的变革，多平台、多渠道扩散延伸文化产业链；在产品层面，主要是促进开福区的文体装备、现代展览、演示等文化内容与传统产业的渗透融合，形成复合型、交叉型的文化产业类型，增加普通消费品的文化内涵。二是"聚"类路径，主要是基于空间层面的政策工具。可实施"一区先导、集群先行"方略。"一区先导"，即以金鹰文化区为先导，依托湖南广电的文化品牌优势，大力发展影视拍摄、节目制作、艺术创作、高端文艺演出，打造全省乃至全国的文化产业地标。"集群先行"，即率先推进和着力发展特色文化产业群，使其先行先发。注重扶持民营文化企业，促进其向规模化、集约化方向发展，并使其成为区域经济的主体力量。争取到 2020 年，基本建立符合开福区的特色鲜明、重点突出、布局合理、链条完整、效益显著的特色文化产业发展格局，形成几个特色文化产业集群，如以沙坪为中心的湘绣产业集群，以北辰为中心的文化创意产业集群，面向全球招商，在苏托垸生态文化新城培育新的文化产业增长板块等。三是"网"状路径，强调基于文化内核的辐射与延展。"网"模式，即提炼城市特质，发挥文化主题的网络辐射效应"网"模式，强调的就是"提炼、整合文化，再将文化主题辐射出去，带动各行各业的发展"，形成提振城市发展的一股动力。开福区要充分发挥区内文化设施资源众多的优势，通过省博物馆、省展览馆、长沙北辰国际会议中心、三馆一厅、湘绣博物馆、世界之窗、海底世界等大的文化设施或旗舰项目，建设开福区、长沙市人民和海内外游客重要的文化休闲场所和地标性旅游中心，把开福打造成文化之城、读书之城、博物馆之城、创意之城，在长沙形成全新的文化高地，通过网络辐射效应，加快长沙对海外优秀文化资源的集聚，成为建设"国际文化名城"的强大推动力。

2. 以文化推动"两化融合"

一是推进产业文化化，形成现代产业体系。产城融合的前提是产业发展，要通过应用技术的嫁接和科学方法的渗透使开福区文化资源为产业创新服务，以文化的凝聚力、渗透力和辐射力来增强产业的竞争力，提高产业的附加值。二是培育文化先导力，开启现代生活。旗帜鲜明地发挥社会主义先进文化的先导作用，在"文化强区"的目标下，使民众形成共同的归属感，使全社会形成广泛而深刻的价值认同，不断增进社会思想共识，不断增强社会共同体的团结和谐。要着力推进区域发展由"经济共富"向"文化共富"的转型，充分利用开福区文化资源，把握民众消费需求转变机遇，通过各种方式提高民众的文化能力，提升民众的艺术生活内涵及文化素养，达到全体民众平等享有文化权益的发展状态。三是提升文化竞争力，建设现代城市。要突出创新驱动、改革驱动，促进城市增长极和产业增长极融合发展。挖掘和提炼开福区文化的本质特征，构建开福文化价值体系和话语体系，比如提炼并传播城市精神等，消除并打破文化交流障碍，增强区域文化自信心、辐射力和影响力。用眼力规划城市，用实力建设城市，用能力管理城市，用智力经营城市，用魄力发展城市，积极提升城市服务和协调辐射功能，以中央和省委、市委城市工作会议精神为引领，建设更加"宜居宜业、精致精美、人见人爱"的品质开福，打造"强盛、精美、幸福、厚德"的现代都市新名片。

（三）以资源挖掘为基石，打造开福特色文化大名片

1. 充分发掘，加大保护和传承力度

开福区既有丰富的历史文化遗迹，也有令人赞叹的数量众多的非物质文化遗产。在发展文化产业的同时，需加强对这些特色文化资源的保护。一要加强特色文化资源的制度化保护，强调落实保护制度。健全和完善分级分类保护制度，全面考虑特色文化资源的生成、价值、功能和现状，建立一套有规制标准和规范约束的完整保护体系，强化制度化、规范化保护和管理。二要强化多样化保护方式，完善保护性开发与开发性保护措施。对特色资源的保护规划要强调近期性与长远性相结合，资源保护寓于规划管理之中。对已入选国家、省市级非物质文化遗产名录中的特色遗产进行专项性保护。把科学精神、科学方法与现代高科技手段结合起来，注重资源保护的科学性和效能性；加强法制化保护，将资源保护纳入法制化管理轨道。还可以对某

些入选国家级、省级非物质文化遗产名录的品目申请商标注册加以保护。

2. 汇集融合，打造"福"文化品牌

开福区，开启幸福的地方，围绕"福"字，开福区可以大做文章、做大文章。一要注意交叉融合。将开福区历史文化、红色文化、宗教文化、旅游文化等多元文化进行融合，培育地方特色文化品牌，以"福"文化来推动产业人气集聚，以"福"文化来集民智，聚民力，提高开福区城市的文化品位。为此，开福区城市文化建设辅助性、连带性、联合性的开发利用必不可少。如街道名称、城区雕塑、沿路指示牌、名人故居等。二要注重包装。扮靓城市景观，提升城市文化形象。要着力于在城市设施的主题文化包装系列上做文章，诸如打造一批以开福"福地"文化为内容的文化灯箱（广告）、文化路标、文化雕塑、文化街区等。在这些城市设施的主题文化包装系列中，可以刻意展示开福文化古迹，达到既注重经典性，又注意大众化的实效。

3. 着力培育，突出开福特色

多轮驱动，着力打造开福文化品牌，把历史文化资源转化为社会经济效益。一是着力培育开福文化市场。通过开展"文化搭台、经贸唱戏"活动，开拓开福区文化旅游市场，通过进一步融合长沙、全省的旅游资源，开辟开福文化旅游线路，以历史文化为纽带，重点发展以潮宗街、开福寺为核心文化旅游业，打造文化旅游胜地。二是拉长增粗文化产业链条。要聚集产业群，培育拳头产品，延伸文化产业链，推动文化产业深度合作实现优势互补。要依托开福特色文化资源优势，重点围绕湘绣、历史遗迹、宗教活动，针对不同人群和市场灵活设计，推出人们喜爱的产品，打开市场。对城市街景、建筑、雕塑、交通等硬件系列进行全面的"文化升级"，增加城市的艺术感和文化氛围，使"福"文化在城区无处不在，绽放异彩。

（四）以"马栏山创新创业聚集区"为重点，支持信息经济大发展

信息经济是新常态下新经济的新动能。发展文化产业，必须充分

利用互联网平台和信息通信技术，着力在结合上下功夫、做文章，推动文化产业和信息产业深度融合。

1. 做好顶层设计，推进"互联网＋文化创意"融合发展

着眼技术、标准、监管、政策等多个方面，制定"互联网＋文化创意"发展战略，出台推动指导"互联网＋文化创意"有序发展行动计划，促进信息与文化创意产业无缝对接、深度融合。发挥政府部门的组织发动优势，广泛搭建推介服务平台，推动文化企业和互联网企业、实体金融机构、网络金融运营商开展合作。

2. 突出产业特色，加快建设"马栏山创新创业聚集区"

积极引入具有国际视野的高水准团队，高起点设计马栏山创新创业聚集区，围绕食品大数据、创意制作、传播、推广、消费等领域，打造以湖南广播电视台的内容 IP、文化创意为主体，集视频相关软硬件研发、制作、应用于一体的视频产业聚集区，以 AR、VR 等视频特色新兴产业为代表的高科技展示区，以风投、创投、股权交易等金融服务和知识产权、法律服务、咨询服务等科技服务为支撑的现代服务示范区。依托湖南广电品牌优势，由省级层面出面，积极招引世界级文化巨头如梦工厂等龙头企业进驻，推进"互联网＋文化创意＋"深度融合，打造"信息谷"，形成"北有中关村、南有马栏山""北有光谷、南有云谷"的网络信息产业新格局。

3. 加大信息技术研发，增强技术装备支撑服务能力

加快健全信息技术产业创新体系，支持产业技术联盟和公共服务平台建设，加强数字文化产业核心技术、关键技术、共性技术攻关，加强技术标准研究制定，加快科技成果转化和产业化，以先进技术支撑文化产业发展所需的装备、软件、系统研制和自主发展。

4. 强化智力支持，构建多层次复合型文化创意人才队伍

通过政策优惠、任务外包、产业合作、学术交流等方式，吸引全球互联网领域领军人才、特殊人才、紧缺人才到开福从事文化创业创新和教学科研。支持文化企业在院校建立"互联网＋"研发机构和实验中心，培养具有专业文化知识和创意创新水平、精通市场营销和网络推广的专业人才和复合型人才。依托国防科大、长沙学院、文化企

业等智力资源和研究平台，建立联合实训基地，开展"互联网＋文化"知识培训。鼓励文化企事业单位与互联网企业建立信息咨询、人才交流等合作机制，促进专业人才双向流动。

案例 2：湖南省各地特色文化产业发展与扶贫实践

文化为魂　创意为核
——安化县大力推动黑茶特色文化产业精准脱贫

21 世纪以来，国家级贫困县安化县大力实施"绿色崛起"战略，文化经济领域迅速发展，特别是文化部、财政部出台《关于推动特色文化产业发展的指导意见》后，安化县遵照其指引目标，依托本土传统独特的黑茶文化资源，实行科技创新，市场运作调节，以黑茶产业承载特色文化，以特色文化引领黑茶产业，打造了一批具有传统特色文化又充满市场竞争活力的黑茶文化企业，走出了一条安化黑茶特色文化产业发展精准脱贫之路。截至目前，全县茶园达到 30 万亩，茶叶加工企业 123 家，年加工能力 10 万吨以上，2015 年实现综合产值102 亿元，连续六年跻身全国重点产茶县十强（连续两年全国综合排名第三），黑茶产量位列全国第一，并荣获"中国茶产业十大转型升级示范县"和"中华生态文明茶乡"称号。

一　发掘传统特色，再现安化黑茶文化风采

安化地处北纬 28°中国黄金产茶带，雪峰对峙，资水横亘，烟岚万仞，土质肥沃，史载安化"唯茶甲于诸州县"。朝廷"以茶易马"、"用制羌戎"。21 世纪初，我国台湾地区著名茶人曾至贤著成《方圆之缘——深探紧压茶世界》一书，盛赞以千两茶为代表的安化黑茶是"茶文化的经典，茶叶历史的浓缩，茶中的极品"，世人重新认识到安化黑茶的价值，收藏 50 多年的篓装天尖黑茶，专家评估价值达到 48万元。安化县果断抓住这一历史性契机，从发掘、保护、传承等方面入手，复兴安化黑茶。一是文化发掘，再现安化黑茶的神奇。先后传播湖南农业大学教授蔡正安《湖南黑茶》、出版安化县政协原主席伍湘安《安化黑茶》等专业著作，翻印民国先贤彭先泽的《安化黑茶》等经典研究书籍；并组织茶商、茶人及文化研究人员整理发掘安化黑茶背后隐藏的文化底蕴，通过央视、香港健康卫视、湖南卫视等媒体陆续拍摄《千两茶韵》《汉语桥》等专题片，宣传安化黑茶神奇的产地、神奇的历史、神奇的功效，唱响"安化黑茶，中国独有；中国黑茶，世界独尊"的推广主题。二是文化保护，留住安化黑茶的印记。全面启动对茶文化遗存的普查保护工作，建成投资 2000 多万元的中国黑茶博物馆，以图文和实物形式展现安化黑茶的历史沿革、技艺传承、人文风物和产业概况。保留、维护或修缮茶市茶行、茶亭廊桥等不可移动文物，征集、收藏茶碑茶印、茶具茶器等可移动文物，收集、解读茶诗茶文、茶歌茶事等历史和民间文献，最终汇聚成《安化黑茶文物实录》公开发行。三是文化传承，延续安化黑茶的血脉。鼓励和指导传世老茶厂和民间老茶人复兴传统产品，传承古法古艺，恢复中断生产达半个世纪之久的安化千两茶制作，重新启用顶级安化黑茶"天尖、贡尖、生尖"品名，争取安化千两茶和茯砖茶制作技艺列入国家级非物质文化遗产行列，国家质检总局选定安化黑茶作为创建全国知名品牌示范区并已经顺利通过现场验收。

经过不懈努力，濒临失传的安化千两茶制作工艺重现生机，众多传统产品恢复生产，安化黑茶文化资源优势逐步转变为产业优势，安化黑茶好似一夜成名，沿海及东南亚茶人趋之若鹜，昔日毫不起眼的边销茶成为茶界新宠，"世界只有中国有、中国只有湖南有、湖南只有安化有"的安化千两茶更是被世人誉为"世界茶王"，身价倍增。

二　加强创意引领，提升安化黑茶文化价值

安化黑茶是安化县优良生态、宜茶地理造化钟灵的自然产物，是兼收各大茶类、世代茶人数百年精工技艺并加以传承创新的人文结晶，是经过中亚、北亚、西亚等肉奶主食区域万亿人民世代检验，并经过现代科学验证的健康之饮。我们抓住安化黑茶这些特征，结合时代发展主流，提炼出与安化黑茶相关的生态文化、技艺文化、养生文

化等核心概念和创意，服务于安化黑茶特色文化产业的发展壮大。

首先，安化黑茶特色文化创意，成为行业宣传推广的重要载体。我们支持和鼓励文艺工作者、广大茶人开展各种形式的文艺创作，系统传播安化黑茶的形成发展历程、济世益生功效，产生了一系列文艺精品。粗犷雄厚的《安化千两茶号子》亮相首届中国农民艺术节，并被央视新闻联播共同关注多方报道；著名导演张纪中执导的电视剧《菊花醉》成功拍摄，真实反映了安化黑茶发展历史与安化茶人奋斗历程；表现安化土著居民生产生活的《梅山蛮舞》，2015 年获得欢乐潇湘大型群众文艺汇演决赛一等奖；茶叶企业编演的"黑茶印象""香飘白沙溪"等黑茶文化类节目公开演出。众多文艺精品，向世人展示了一片黑茶在古今政治、经济和社会中沉甸甸的分量。其次，安化黑茶特色文化创意，成为行业品牌建设的不竭源泉。得益于文化创意领域的灵感，安化黑茶行业品牌建设持续加强，市场影响不断扩大。安化县茶业协会先后注册了"安化茶""安化黑茶""安化千两茶""安化红茶"等区域公共品牌，并成为国家地理标志保护产品，在 2015 年中国茶叶区域公用品牌价值评估中，前三个品牌估价达 35.81 亿元，"安化黑茶"独占 16.26 亿元，较上年增加 2.68 亿元，升幅达 19.7%。安化黑茶行业拥有中国驰名商标 4 个、省著名商标 12 个，湖南名牌 8 个，中华老字号 1 家、湖南老字号 2 家。最后，安化黑茶特色文化创意，成为行业进军海外的开路先锋。利用安化黑茶特色文化中所蕴含的知识产权内容，争取"天尖、贡尖、生尖、黑砖、花砖、花卷"等列入中欧地标产品互保名录，使安化黑茶的原产地保护、传统技艺传承和国内外市场开拓，有了坚实的知识产权基础。借助安化黑茶特色文化内在的国际化创意，安化黑茶继获得 2010 年上海世博十大名茶之后，2015 年 7 月初再次入选米兰世博中国名茶金奖，与安化红茶荣获 1915 年巴拿马国际博览会金奖先后辉映，充分证明了全世界对安化黑茶特色文化的认同。

文化因产业的蓬勃发展而得以繁荣，产业因文化的创意引领而提升价值。据统计，2014 年安化黑茶品牌形象店 4200 家以上，网店 3 万多家，营销网络覆盖国内北京、广州、上海、武汉、深圳等 46 个大中城市，远销蒙古、日本、俄罗斯、韩国、德国、泰国、法国、新加坡等国家及我国港澳台地区。

三 立足产业融合，推动安化黑茶文化转型

文化具有强大的兼容性，安化黑茶文化通过创意转化、科技提升和市场运作，产品和服务得以持续升级转型，同时也不断渗透到经济社会发展各领域，发挥着育民、乐民、富民的战略作用。借助安化黑茶文化强大的资源吸纳和整合能力，安化黑茶产业开始了融合发展的新旅程。

一是"文化 + 平台"，推进集约化发展。近年来，三年一届的中国安化黑茶文化节不仅成为安化黑茶产业的盛会，也成为安化黑茶文化的盛宴、安化黑茶特色文化产业的综合性平台。安化黑茶良种繁育中心已经建成，以安化云台大叶种群体为基础的种质资源得以妥善保护、逐步推广。中国黑茶产业园、物流园、电商园加快建设，成为产业空间聚集的坚实平台。黄沙坪古茶市、盛世茶都·中国黑茶大市场即将竣工开市，带动数以万计的实体经销商、微商、电商投入安化黑茶营销。安化黑茶技术中心正在组建，质量标准检测中心开始运营，安化黑茶市场价格指数平台正在研发，为全行业科技增值、产品研发和规范运营创造了条件。二是"文化 + 产品"，推进多元化发展。通过文化的挖掘实现企业之间的资源共享与产能优化，促进安化黑茶的生产经营者进行精准定位，在稳定产品质量的同时突出产品差异性；产学研合作更加紧密，科技成果转化持续保障和促进安化黑茶产业链延伸。一大批安化黑茶企业走出"卖茶叶"的单一模式，进入"卖文化""卖标准"的高端营销模式，研发生产饮料、食品、日化、保健、医药等深加工、高技术含量产品和下游产品，不断完善和延伸产业链，提升产品附加值，时尚化、方便化、大众化、功能化的产品逐步成为安化黑茶持续辉煌的核心竞争力。三是"文化 + 需求"，推进融合化发展。文化作为媒介，推动安化黑茶与其他行业融合，新的业态不断产生，产业对经济社会的渗透无所不在。安化黑茶产业的发展，带动包装、物流、旅游、设计、策划等关联产业共同增长，2015年全县从事黑茶及关联产业人员达 28 万人，实现收入 22 亿元以上，

仅为黑茶行业服务的竹木加工及纸质包装业,年总产值就达到 6 亿元。同时,安化黑茶营销模式的转变,促进了采茶、寻茶、学茶等个性化定制、体验式消费的兴起,安化山水生态、人文历史、民俗风情、饮食物产等元素得到优化整合,"山水怡情、茶饮保健"的"茶旅一体化"成为新的发展方向,全县年接待游客 150 万人以上,旅游综合收入近 8 亿元。

今后,安化将继续坚持"绿色崛起"战略,充分加大湖南省县域经济特色产业等项目的重点扶持,进一步推动安化黑茶特色文化产业做大做强。重点是推进行业龙头企业建设、中小企业"专、精、特"转型,鼓励近百家安化黑茶企业联结着 30 万亩茶园、辐射带动周边县区茶叶产业,力争成为千亿湘茶产业名副其实的龙头,朝着全县茶园面积 40 万亩、产量 10 万吨、综合产值 300 亿元、带动区域 40 万人创业就业的目标迈进,把安化打造成为世界黑茶之都、中国茶产业的希望之星。

益阳市资阳区:以提升主体文化素质助推精准脱贫

在中央和省、市作出精准扶贫、精准脱贫的重大决策部署后,益阳市资阳区把脱贫攻坚作为一场必须打赢的"新战役",自觉继承和弘扬湖湘精神,以文化扶贫为脱贫攻坚注入持续动力。

1. 加强基层综合性文化服务中心建设

"十二五"期间,资阳区 6 个乡镇的综合文体站已全部建成投入使用,各乡镇、街道综合文体站的免费开放工作扎实推进,服务日趋完善,极大地丰富了人民群众的精神文化生活,乡镇综合文化站的职能得到进一步提升。

资阳区文体广新局深入贯彻《湖南省人民政府办公厅关于推进基层综合性文化服务中心建设的实施意见》,扎实推进资阳区基层综合性文化服务中心建设。目前,全区建成社区、村级文化活动室等村(社区)综合性文化服务中心共 107 个,设施功能分区包括图书室、电子阅览室、体育娱乐室、农家书屋、乒乓球室、老年人休息室、体育活动操场。全区已建成较大型的文体广场有 52 个,面积为 200—

500 平方米的有 40 个，面积为 500—1000 平方米的有 7 个，面积为 1000 平方米以上的有 5 个，符合标准化文体小广场（配备体育健身设施、灯光音响设备、阅报栏等）的有 29 个。正在建设中的文体小广场有 7 个，计划或需要建设的文体小广场有 15 个。农民健身工程点建设从 63 个增加到了 81 个，全民健身路径从 2 条增加到了 27 条，涵盖了全区 80 个行政村和 5 个社区。每个农民体育健身工程点健身器材共 3 套，包括 2 张乒乓球台和 1 副篮球架；每个全民健身路径工程点，"9 + 1" 健身器材 10 套，"5 + 1" 健身器材 17 套。均于 2016 年年初下发到各行政村，各村部陆续进行了安装。资阳区直播卫星"户户通"工程建设自 2016 年 7 月开展以来，已累计安装完成"户户通"设备共计 1734 套，完成率为 97%，剩余 51 套（因缺少配件，暂时无法安装，目前已与厂家进行了沟通协调，争取早日落实到位），确保在 9 月 30 日前完成。

　　2. 加强文化人才队伍建设

　　一是加强基层文化人才培训工作。2016 年，益阳市文体广新局开办了全市基层综合性文化服务中心文体专门培训班，为期一周，内容包括：基层公共文化服务体系建设；公共电子阅览室和数字图书馆建设；非物质文化遗产专项资金的申报与管理；非物质文化遗产项目和传承人的申报与管理；新形势下的基层文物保护工作；乡镇（街道）文化站业务建设和基层综合性文化服务中心建设；摄影艺术作品赏析；农村文化市场管理；体育社会指导员培训；村级文化活动中心和留守儿童家庭教育等，不断增强基层文化工作者的政治素质和业务水平。同时，市级各馆结合职能，面向社会开展各类免费培训，资阳区文化工作者积极参加国家、省、市组织的各项培训班，不断提升文化综合能力，加强自身学习建设。

　　二是加强基层文化人才培养工作。为深入挖掘资阳区优秀文化人才，区文体广新局积极搭建各类平台。通过举办群文汇演、文化志愿服务活动、"送戏惠民"等活动，为基层文化人才提供展示平台，激发文艺创作力；同时，结合资阳区创建全国文明城市工作，积极开展公共文化理论及业务知识学习活动，不断提升资阳区基层文化从业人员理论创新水平。

三是加强文化志愿者队伍的管理工作。目前，区文体广新局有文化志愿者150余人，主要是依托文化馆、图书馆、剧团、文化站等公共文化馆（站）开展志愿活动。2016年年初，区文体广新局印发了《关于开展2016年文化志愿服务工作的通知》，围绕"六大主题活动"，在全区范围内开展形式多样的文化志愿活动。通过活动的开展，提升文化志愿者的能力和素质，从而提高全区文化志愿服务水平。

3. 丰富群众文化活动

资阳区有各类文艺队伍280多支，参与人员达7000多人，每年利用春节、元宵节、端午节、中秋节等传统节日及纪念日在鹅羊池广场、滨江财富广场、步行街等地组织各类文艺演出、文化活动、读书活动等300多场次，观众达25万人次。农村公益性电影放映平均每年约1224场次。全年组织"益阳花鼓大戏台——送戏惠民"和各类惠民演出80余场次。资阳区大型广场文化活动和群众文艺汇演已成为资阳的一大特色文化品牌。通过各类丰富多彩的活动举办和开展，进一步推动了资阳区文化事业的发展，为打造魅力资阳构建了深厚的文化软实力。

区文体广新局积极组织局机关、各二级单位及街道（乡镇、经开区）文化站以丰富基层群众的文化生活为出发点，以广场文化活动、节日文化活动、"送戏惠民"活动等为主要形式，大力组织开展了多个群众喜闻乐见的文化活动，让广大群众积极参与到各项文化活动中，充分享受了文化权益和文化建设成果。比如，每年组织开展的"欢乐潇湘"系列活动、在春节、元宵节、中秋节等传统节日组织开展多场惠民演出、在各种纪念日组织开展相应的庆祝活动；等等。

组织举办了系列文化志愿服务活动。春节期间，组织区文联、文化馆、图书馆、益阳市花鼓戏剧团等在步行街开展了文化志愿服务系列活动。通过展板展示、花鼓戏表演、现场书写春联、综艺节目演出等形式为资阳群众送上了精美的文艺大餐。"学雷锋"月，组织文化馆、图书馆、剧团认真开展"我是雷锋家乡人湖湘文化送春风"文化志愿服务月活动：图书馆"文化暖心·点亮生活"送电影到敬老院活动、益阳市花鼓戏剧团"文化惠民·花鼓传承"活动、文化馆"奉献爱心·共享阳光"活动。

组织举办了"迎新年闹元宵"系列文化活动。每年元宵节期间，组织益阳市花鼓戏剧团在鹅羊池广场、赫山茶叶市场等城区中心广场进行"益阳花鼓大戏台"元宵节惠民专场演出，每年约 8 场演出，每场观众上万人，活动受到了群众热烈欢迎和各级领导的高度肯定。

积极开展"文化进农村、进企业"活动。5 月 12 日，湖南省农村法治宣传教育月暨"法治进乡村，培育新农民"演出在资阳区长春镇赤江咀村举行，益阳市花鼓戏剧团表演综艺节目。10 月 28 日，剧团在"口味王"成立十五周年庆典上进行专场演出，市、区各级领导出席庆典。剧团带来的演出得到广大群众及省、市、区各级领导的好评。

组织"益阳花鼓大戏台——送戏惠民"巡演。每年益阳市花鼓戏剧团都会在益阳各区县市进行送戏下乡演出 10—15 场次。全年其他演出 97 场次。演出剧目有《卷席筒》《打铜锣》《宝莲灯》《白蛇传》《贫富上寿》等传统剧目，演员们精湛的表演受到观众的赞誉。

组织参加省、市各类文艺演出。2015 年，益阳市花鼓戏剧团在益阳大剧院周末剧场共演出八场，上演《贫富上寿》《白蛇传》《玉蜻蜓》《宝莲灯》《卷席筒》《刘海戏金蟾》等剧目。4 月，组织剧团参加了益阳市第四届花鼓戏汇演，参演剧目《玉蜻蜓》获银奖。7 月，文化馆组织排练、拍摄益阳弹词《益阳老街》参加第五届湖南艺术节"三湘群星奖"，获戏剧曲艺类银奖。11 月，文化馆排练节目参加湖南省群艺馆举办的"三湘蒲公英奖"舞蹈大赛；剧团优秀传统剧目《卷席筒》参演汨罗剧院举行的汨罗艺术节。2016 年，组织资阳区群众积极参加益阳市第二届花鼓戏票友大赛，资阳区 2 名选手获得比赛银奖。组织做好了资阳区庆祝中国共产党成立 95 周年"红旗颂"大型群众合唱比赛，选拔一支中合唱队参加全市比赛。

组织开展三大文化活动。组织资阳区群众参加湖南省纪念抗战胜利 70 周年美术书法摄影活动、湖南省"欢乐潇湘"群众美术书法摄影活动、湖南省第五届艺术节暨全省美术书法摄影精品展三大活动的艺术采风及创作，并于 9 月 24—29 日在资阳区老干部大厅举办"欢乐潇湘文明资阳"群众美术书法摄影作品展览。共计有书法美术摄影作品 200 余幅。

组织参加"欢乐潇湘"系列群众文化活动。2014 年，组织举办了"欢乐潇湘·花鼓益阳"群众文艺汇演资阳专场大型文艺晚会。整台晚会大气流畅，原创节目多，得到了省、市专家评委、相关领导及群众的好评。观众达 2 万余人。同年，组织举办了"欢乐潇湘·花鼓益阳"广场舞大赛资阳专场演出。2015 年，组织资阳区文艺队伍积极参加"舞动益阳"全民舞蹈大赛。12 月，组织剧团参加"欢乐潇湘"社区群众文化活动。市委宣传部在资阳区桥北步行街开展 2015 年"欢乐潇湘"社区群众文化系列活动，剧团积极参与并带来综艺汇演。2016 年，组织举办了"欢乐潇湘文化益阳魅力资阳"群众文艺汇演。

组织举办、参加系列读书活动。2014 年，举办了第四届"三湘读书月"系列活动，其中"中国梦·我心中的故事"征文活动，共征得近 4000 篇稿件，对弘扬"中国梦"，营造全区良好的读书氛围产生了积极的影响。2015 年，资阳区石码头小学聂木原同学的文章《和谐的家园》荣获读后感撰写活动小学生组一等奖；由区图书馆组织排演的诵读节目"声律启蒙"荣获益阳市儿童诵读比赛小学组金奖。资阳区图书馆获活动"组织奖"。

组织开展"缅怀英烈、圆梦中华"纪念抗战 70 周年系列主题教育活动。以纪念抗战胜利 70 周年为契机，图书馆开展了"缅怀先烈、爱绿植树""缅怀英烈、祭奠扫墓""缅怀英烈、万人诵读""缅怀英烈"志愿服务活动、"缅怀英烈"读书活动、"讲故事、唱红歌"等一系列活动。

组织文化馆开展各类免费培训。文化馆在抓好免费开放工作的同时，积极打造 1—2 个在全区有影响力的免费开放服务品牌，举办了多种艺术门类的免费培训。如 2015 年资阳区文化馆开展了暑假免费培训班（包括益阳弹词、葫芦丝、竹笛等）和广场舞师资培训班。每年扎实推进非遗"进校园""进市场""进演出"等工作，做好创建非遗传承学校和实践基地工作。特别重视对益阳弹词传承人的保护和培养，开展了多项益阳弹词培训班，比如"益阳弹词进学校""益阳弹词进机关""益阳弹词暑假免费培训"等。

文化馆现有文学、舞蹈等文艺创作和服务人才 3 人。组建有花鼓戏、京剧等业余文艺团队 6 支，业余创作队伍有曲艺、舞蹈、文学、京剧、音乐、书法、摄影等 9 支。2013 年创作益阳弹词《单刀赴会》参加欢乐潇湘大型群众文艺汇演获市级一等奖，省级三等奖；2014 年创作益阳弹词《益阳老街》参加欢乐潇湘大型群众文艺汇演获市级一等奖，省级一等奖；2015 年精心组织排练《益阳老街》参加第五届湖南艺术节"三湘群星奖"，获"三星群星奖"戏剧曲艺类银奖；11 月，组织小太阳舞蹈学校排练节目参加湖南省群艺馆举办的"三湘蒲公英奖"舞蹈大赛，获银奖。

组织乡镇（街道）开展各类文化活动。近年来，每遇重大节庆日，积极组织街道、乡镇综合文化站开展各类庆祝活动，大力发动全区群众参与省、市、区举办的各类文化活动。大多数情况下，街道（乡镇）综合文化站在组织开展文化活动时，除了街道办事处（乡、镇政府）的经费投入外，还争取大量社会赞助，以保障活动的顺利开展。

用文化的力量助推精准脱贫
——湘乡市文化精准脱贫工作小记

精准脱贫，"贫"，不仅仅是物质上的脱贫，更要在精神层面上脱贫；文化，"以文化人"，文明、道德、品格……凝聚精气神，传播真善美。自全市精准扶贫、精准脱贫工作开展以来，随着精准扶贫文化广场建设、农家书屋补充更新、送戏下乡、公益电影放映等工作的整体推进，昔日的贫困村正悄然发生着变化，贫困村群众走进文化、共享文化、文明和谐的良好社会氛围逐步形成。

一是注重实效，健全文化服务体系。建立公共文化服务城乡联动机制，推进城乡"结对子、种文化"，建设力度向贫困村倾斜，加强贫困村文化建设的帮扶，形成常态化工作机制。以人民群众基本文化需求为导向，建立群众评价和反馈机制，使惠民项目与群众需求有效对接。完善公共文化设施免费开放的机制，加大公共文化服务力度。加强农家书屋、乡镇文化广场、村级文化广场等惠民工程的建设、管理、利用工作，完善农家书屋出版物补充更新工作。切实加强市文化场馆对贫困村的教、学、帮、带工作，开展流动服务和数字服务，打通公共文化服务"最后一公里"。切实抓好"送戏下乡、演艺惠民"、农村公益电影放映和优秀出版物推荐活动等文化惠民工程，确保每季每村免费放映一晚电影。加强基层广播电视播出机构服务能力建设，做好"村村响""户户通""中央广播电视节目无线数字化覆盖"等公共文化服务工程。

二是注重实际，丰富文体活动内容。积极发展贫困村文艺队伍，开展免费培训，给他们打造精品节目，邀请村文艺队伍参加市里举办的迎春文艺晚会、广场舞文艺汇演等大型文化活动。同时，在抓好对优秀民族民间文化艺术的保护、挖掘、整理和传承的基础上，按照"一乡一品"的文化特色，每年组织大型群众文化活动 2 次以上。以村（社区）为主体，以群众喜闻乐见的形式，组织村（居）民参加"科技培训""才艺大赛""趣味体育活动"和其他文体活动。

三是注重开发，加强文化遗产保护。着力恢复具有传统格局和历史风貌的重点区域。恢复宋窑窑址原有建筑，配套建设宋窑遗址博物馆，打造南宋历史风格的省内最大的宋窑遗址历史风貌区。对壶天古石板街进行修复和保护性开发，建设具有明清风格的历史文化街。着力保护传承一批非物质文化遗产。重点保护开发"湘乡方言""湘乡蛋糕""湘乡烘糕""壶天火龙灯""虞唐高跷""金薮皮影""金石石坝鼓""梅桥夜唢呐"等非物质文化遗产项目，建立非物质文化遗产保护开发名录和传承人名录，争取有项目获批国家"非遗"，探索以市场化的方式推进非物质文化遗产项目的传承保护和开发。

现代公共文化服务助力精准脱贫

——宁远县梅子窝村由贫困走向富强的重大支撑

梅子窝村位于湖南省永州市宁远县湾井镇东侧，距宁远县城 11

公里，境内有九嶷南路穿村而过。全村有岭背、砲井石、枞树脚、大口岩、梅子窝 5 个自然村，比较分散。该村下辖 7 个村民小组，204户，总人口 936 人，其中外出务工人员占半数以上；贫困人口 84 户315 人，五保户 12 人，低保户 60 户 66 人；设党支部 1 个，党员 24名，村干部 4 人（其中大学文化 1 人、高中文化 2 人、初中文化 1人）。该村有水田 262 亩，旱地 453 亩，山林 2900 亩，经济来源主要依赖传统烟叶种植和外出打工收入，无村集体经济。

近年来，随着公共文化服务体系建设的加快推进，特别是从 2015年开始宁远县以创建"湖南省现代公共文化服务体系建设示范区"为主线，不断强化措施，转变思路，像梅子窝村一样的文化建设相对滞后的贫困村，其"最后一公里"逐步打通。

梅子窝村以农家书屋建设为基础，不断加快文化建设步伐，取得了良好进展。2015 年 4 月湖南省食品药品监督管理局扶贫工作队进村开展扶贫工作，经过深入走访调研，明确了"文化建设为先，产业发展为重"的精准扶贫思路。建成集村卫生室、农村淘宝、农家书屋、会议室、便民服务等多功能的村级公共活动中心（三层共 450 平方米，先后投入 94.3 万元），5 个自然村合计 3100 平方米的 5 个文体广场，配备"一总三分"的村村响设施和 116 套"广播电视直播卫星户户通"，基本达到了"七个一"（一个文化服务中心，一个文体广场，一个广播室，一个书刊阅读室，一个电子阅览室，一个培训室，一个多功能活动厅）的标准，同时，争取到省体育局项目支持建成 3 个篮球场，配备价值 7 万多元的 4 套健身器材，为村民的精神文化生活提供了有力支撑。

湾井镇是宁远县的文化强镇，梅子窝村充分依托这一优质资源，积极开展丰富多彩的文体活动，如书香村组建设、农民艺术节的开展等活动渐成品牌，继续培训、科技推广已成常态。村支两委充分发挥主人翁精神，积极配合扶贫工作队，发动贫困群众走进阅览室，走进图书室，走进培训室，走进产业基地，通过看、读、听、做等多种方式活学活用知识技术，既富了脑子，又精了身手，能够在家门口轻轻松松脱贫致富。近两年，村民人平均纯收入年增 5000 元，参加农村合作社的贫困户收入年增 10000 元。预计从 2017 年开始，年增收入率能够达到 15%。

文化建设风生水起，产业发展日新月异。一是农光互补式光伏发电项目激活村集体经济。扶贫工作队于 2016 年 4 月上旬完成了梅子窝种植养殖专业合作社注册、开户，建档立卡贫困户授信等工作，建立了合作社章程和财务管理规定。目前合作社通过贫困户小额信用贷款 150 万元（每年返还贫困户利润，每 1 万元不低于 1000 元）。7 月中旬，正式启动分布式光伏发电项目（100kW 容量，一次性投入 94 万元，使用周期 25 年，7 年回本）。7 月下旬完成了土地流转和合同的签订，9 月已经并网发电。这是宁远第一家光伏发电项目，2016 年开始，每年可以带来 13 万元的村集体经济，同时让 80 个建档立卡贫困人口每人每年保证 1000 元收益。二是黑木耳项目盘活村级经济。2016 年已经流转 20 亩水田进行试种，目前已完成 1200 平方米大棚的搭建和 10 万个营养棒的接种，第一茬木耳在 9 月可以逐步采摘，预计总产量可达 20000 斤，总产值可达 70 万元，纯利润可达 16 万元以上。黑木耳的种植改变了梅子窝村传统的耕种模式，在盘活撂荒土地、提高土地效益的同时，也解决农村富余劳动力就近打工的问题（男工每天 80 元，女工每天 70 元，每月一结）。从 2017 年开始，黑木耳种植面积将进一步扩大到一百亩，将会带来更为丰厚的收益，使贫困户贫困村民可以将从各个渠道学到的知识和技术与实际操作紧密结合起来，逐步走上发家致富的"快车道"，与此同时，绝大多数的贫困户通过学习、体验、感受、感悟，从中汲取了强大的精神力量，更加坚定了脱贫致富的信心与决心，小康之路也越走越宽阔，他们在不断增强成就感与获得感的同时，更愿意回报社会、感恩各方，成为新时期"读书改变命运，文化充实人生"最鲜活、最生动的现实版本。

大通湖区促进文化主体素质助推精准扶贫

大通湖区位于湘中偏北，东邻漉湖，南与沅江市相连，西北与南县、华容县比邻。地形为典型的洞庭湖冲积平原，区内的湖泊、水面、沟渠纵横交错，陆路有省道202线四通八达，水运经洞庭通江达海，地理位置十分优越，素有"三湘第一湖"之美誉。

一　背景与概况

2000年建区以来，区委、区政府积极创新理念、开放兴区，大通湖的经济水平不断提高，基础设施不断完善，人民生活水平不断提高。可是面对大通湖区人口基数小、人才资源缺乏，地域偏僻，交通建设需要进一步完善的大环境影响，大通湖区还有相当一部分的贫困人口，因此，扶贫工作一直是大通湖区的工作重点。

2016年是全面建成小康社会的"十三五"规划的第一年，大通湖区高度重视挖掘发展文化建设，通过以文化为先头，全面提升群众文化素质，以"授人以渔"的方式从精神、文化和知识素养等方面扶贫为突破口，打好精准扶贫攻坚战的第一枪。

大通湖区有丰富的文化资源，有农垦精神、肖公传说，有花鼓戏爱好者和艺术家，还有许多的文物。整体上讲，大通湖区人对文化的爱好和精神素养的需求是非常高的，因此，提升主体文化素质助推精准扶贫具有较强的现实意义。

二　具体措施

（一）制定扶贫政策

2016年年初，大通湖区委党群部结合自身情况，制定了广电设施建设精准扶贫方案，对贫困户进行户户通工程的帮扶作出了具体的措施安排，对各单位作出了相应的任务分工。

（二）开展送电影下乡工程

大通湖区每年都会委托电影放映公司，派遣电影放映小队到全区各镇各村进行电影放映工作，同时还在区城关镇内免费放映30场公益电影。2016年以来，大通湖区的电影放映队已经完成了三轮电影放送的两轮放映工作，获得群众的一致好评。电影放映队的送电影下乡活动不仅丰富了人民群众的日常生活，也给大家带来了文化的精神享受。

（三）电子阅览室的建设

为方便大通湖区文化站切实做到为群众带来文化的熏陶以及精神

上的享受，大通湖区各镇为丰富电子阅览室的资源，方便电子阅览室的管理，四个镇文化站和金山社区、金桥社区以及金漉社区三个文化站都加强了公共电子阅览室管理信息平台建设工作。每个电子阅览室都严格按照标准对 2 台以上电脑安装了客户端和管理平台，并严格保证宽带在 2 兆以上。全区的电子阅览室都是免费对群众开放的，对有知识需求的群众有很大的帮助。群众们为找到生产致富好技术、新方法，常常对生产技能、生产信息等非常感兴趣，电子阅览室的开放，满足了他们的需求，帮助了很多群众找到了脱贫致富的好路子，真正意义上起到了"授人以渔"的作用。

（四）基层综合型文化服务中心的建设

大通湖区借着合村并镇的规划调整，根据以前的 78 个村并为现在的 27 个村的现实情况，计划将新建 5 个基层综合性文化服务中心，改扩建 22 个基层综合性文化服务中心，建成后的基层综合性文化服务中心拥有文化活动室、文化活动广场以及其他功能室和附属设施，并在合适的位置因地制宜建造简易戏台，为举办文艺活动提供了健全的活动场所。全区各镇村的基层综合性文化服务中心建设在 2016 年10 月完工并投入使用。

（五）不定期开展赠送活动

大通湖区委党群部整合部里资源，收集涉及政策、理论、小说、唯美散文等内容的书籍，不定期地到各贫困户开展赠书活动，并通过户户通工程首先对贫困户进行摸底调查，针对性地开展送广电设备到各家各户安装开通活动，2016 年以来，我们赠送书籍和相关设备到贫困户 40 户。不定期的赠送活动的开展，切实地为那些生活贫困群众带去了党和政府的关怀，也切实地为他们送去了精神食粮，丰富了他们的文化生活。这些贫困户接到赠送的物质后，生活状态有了显著的提高。

三　精准扶贫的经验总结

实现文化惠民扶贫，不但是小康社会的必然要求，也是精准扶贫的重要内容，大通湖区文化扶贫工作立足于"授人以渔"的宗旨，始终从人民的角度出发，做到以下三个方面的要求。一是文化设施建设上精准扶贫。指导乡镇建成综合文化站，并配套建设图书室及电子阅览室；在行政村建起农家书屋和多功能文体广场，指导社区建设综合文化服务中心。二是文化产品供给上精准扶贫。重点实施文化惠民重大工程，组织文化惠民演出、农村电影放映、全民阅读和全民健身等活动。三是公共文化服务上精准扶贫。开展赠书赠文化设备活动，愉悦了贫困户的身心，满足了他们的现实需求。

下一步该区将继续开展文化惠民，提升主体文化素质，从身心状态上、从精神需求上、从生活生产技能上加强文化精准扶贫的力度，打好小康社会文化攻坚战。

挖掘地方特色资源　打造文化旅游品牌
——江华庙子源村香草源以文化旅游助推精准脱贫

江华湘江乡庙子源村，距县城 110 公里，与道县、宁远、蓝山接壤，与九嶷山毗邻，整个庙子源村有 280 户共 1270 余人，其中香草源自然村有住户 74 户 280 余人，贫困户 23 户共 74 人，属江华高山瑶的聚居区，因盛产香草而得名香草源。香草源景区位于海拔 900 米以上的高山区，因其生态环境优美，瑶族风情浓郁，自然资源丰富，吸引了众多的旅游、摄影、写生爱好者流连忘返，该村拥有原始次森林 5 万多亩，竹林 1 万多亩，有风景优美的杜鹃花海 8000 多亩，有植物活化石国家一级保护植物——千年红豆杉，以及黄龙山、龙虎大峡谷、婆婆源瀑布等旅游景点。江华县紧紧围绕打造"瑶族生态旅游胜地"目标，规划建设了瑶寨生态旅游景区，初步形成了高寒山区瑶族原生态居住体验区、瑶族农耕体验区、自驾游服务基地、生态休闲农庄、生态运动区、瑶香温泉度假区、峡谷生态观光区、旅游综合服务区八个景观区。2012 年该村被评为省级生态村。2014 年被列入全国乡村旅游扶贫重点村。2016 年春节期间，湖南卫视《直播香草源》节目的热播，更是引爆了庙子源村香草源的乡村民俗风情游，香草源通过旅游景区的开发走出了一条文化旅游精准扶贫的新路子，被广大网友选为"湖南春节十佳旅游去处"之一。自 2016 年 2 月运营以来截至 8 月底，香草源景区共接待游客 9.12 万人次，实现旅游收入

1361 万元。

一 创新模式，形成合力

为切实有效地推动香草源景区的建设，县委政府成立县直属的旅游独资企业——神州瑶都旅游投资开发有限公司，归口民宗文体旅游局管理，构建起了企业投融资的平台。一是签署合作协议。采取瑶都公司出资入股，村里出资源入股的合作开发模式，双方签订合作开发协议，议定投资规模、合作方式、合作时间和分成比例。二是创新合作模式。鼓励村民经营餐饮、住宿等服务业，推动香草、瑶药等民俗文化旅游商品的开发合作，初步形成了"公司＋农户"的旅游开发模式。三是开展项目投资。瑶都公司积极开展香草源项目开发，先后投资近4000万元，开发了龙虎大峡谷、游客服务中心、活动广场、香草广场、房车营地、香草木屋以及完善公路设施、通讯设施和园林景观设施，对香草源房屋外立面进行改造；通过以奖代补的方式完成了婆婆源瀑布和香草岭游步道的建设，让村民得到实实在在的实惠。四是整合项目资金。通过整合庙子源村香草源农村一事一议、新农村建设、农村公路、农田水利、农村能源等项目，完成了全村三边绿化、村级公路拓宽硬化、电讯升级扩容。这些基础设施项目的顺利实施，为其民俗文化旅游和绿色农业产业发展奠定了坚实的基础。

二 抢抓机遇，因势借力

一是抢抓省委宣传部帮扶机遇。2015 年省委宣传部定点帮扶江华，湖南卫视2016 年《新春走基层》在江华香草源直播，我们积极抢抓这一历史性机遇，积极推动香草源景区的建设，县委罗建华书记亲自挂帅担任香草源景区建设指挥长，整合项目资金和部门资源，并将任务分解到单位到责任人。按时、按质、按量完成了香草源的建设任务。2016 年湖南卫视新春走基层栏目直播期间，CCTV－4、新华社、湖南日报等主流媒体纷纷第一时间报道了香草源盛况，详尽展示了瑶族长鼓舞、跳九洲、瑶家坐歌坛、打糍粑、瑶家长桌宴等瑶族传统文化活动，展示瑶寨的风土人情、时代风貌和瑶族同胞的新年梦想，也使更多的人们了解瑶山、认识江华、走进瑶都。并首次采用了360 度全景视频直播技术，同时联合国际频道、海（境）外新西兰、澳大利亚、澳门等华语频道同时同步全程直播，并充分利用互联网，实现全程全网推送。《直播香草源》成为江华文化旅游发展的里程碑和引爆点，自节目播出以来，游客从全国各地纷至沓来，一睹原始瑶寨、瑶家风情的魅力。同时，我们认真做好其他相关景区的提质改造工程，先后完成豸山公园、宝镜古民居修缮、井头湾古民居修缮等项目建设。二是抢抓国家旅游扶贫机遇。2015 年国家发改委等七部委下发了《关于实施乡村旅游富民工程推进旅游扶贫工作的通知》，对旅游扶贫村给予相应资金扶持，江华县列入国家第一批和第二批旅游扶贫的村庄共有 9 个，其中香草源所在的庙子源村名列其中。目前，我们已完成了项目可行性研究编制和项目批复等前期工作。三是抢抓国发行扶贫机遇。我们积极与国家开发银行进行对接，提出了香草源等全县 14 个文化旅游项目的贷款需求，积极推动全县文化旅游项目的开发。

三 营销推广，造势发力

一是壮大公司力量。为推动香草源旅游的持续升温，打造好香草源旅游品牌，瑶都公司招聘了包括司机、营销、导游服务、木屋管理等职位共 12 名员工。二是开通"直通香草源"的文化旅游专线，每周三、周六早上县城沱江至香草源景区的直通车定点发送游客。三是借助主流媒体开展营销推广。如湖南经视"有什么好玩的"栏目组对江华人文风俗推广拍摄和湖南卫视芒果 TV 对江华不老泉推广拍摄及湖南卫视《我是歌手》栏目在江华下乡活动等媒体的拍摄活动，并在相应电视频道播出，引起社会高度关注，为推广"神州瑶都"江华做出了积极的工作。四是举办啤酒节。我们通过市场运营的模式，在香草源景区策划举办了啤酒音乐节，吸引了来自全国各地的游客 1.5 万人次。五是举办自驾游活动。在香草源建成永州市第一个房车度假基地，充电桩等设施设备充足能容纳十余辆房车同时进驻。积极推出乡村体验、探秘瑶族等为主题的自驾游活动，引来自驾游客万余车次。

四 文化唱戏，打造引力

随着对文化功能认识的深化，推动文化大发展大繁荣，"经济搭台、文化唱戏"，让经济成为文化的"台架子"已成社会共识。近年来，江华致力于营造敬仰文化、崇尚文化的氛围，更加注重强调发展质量，注重人文传承，文化软实力不断发挥作用的同时，江华的文化自信心也日渐强化，成为其经济发展的强大动力。一是传承特色美食文化。"瑶家十八酿"是江华瑶族最具特色的传统美食，花样繁多、秀色可餐、各具风味，而且味美独特、令人回味无穷。而瑶族同胞自酿的"瓜箪酒"、清香扑鼻的"荷叶米粉肉"、口味独到的"瑶家腊肉"等，都是来到江华香草源做客，餐桌上少不了的美食。二是传承瑶族传统居住文化。瑶族自古就有依陡岭而居的习惯，瑶族住房多为竹木结构。香草源吊脚楼木屋也反映了瑶族先民们对瑶族聚居地的一种适应，是高山瑶地域文化的体现。三是传承瑶族传统民俗节庆文化。充分利用江华县民族歌舞团的优势，教授村民歌舞节目，并创作了具有当地特色的《叩槽舞》《送懒歌》等民俗节目，于每个周末安排民俗歌舞晚会。同时，聘请其他村庄的优秀文艺节目前来助兴，比如跳九洲、长鼓舞、灯笼舞等。四是传承瑶族传统服饰文化。香草源属江华高山瑶的聚居区，其服饰文化与平地瑶、过山瑶有明显区别，自成特色。现如今，香草源原住民纷纷穿起自身高山瑶传统服饰，亲身为瑶族文化代言。五是依托生态文化优势形成引力。原始、自然、野趣是香草源独有的生态名片。在香草源，可徒步攀登高山，穿越原始丛林，涉过潇水源头，在瑶山最深处，"一脚踏四县"，同时可看到江华香草源、道县湘源温泉、宁远九嶷山三分石、蓝山板塘国家森林公园的迷人风景，是时下登山探险、休闲观光、文化旅游的绝佳之地。

五 村民参与，扶贫给力

一是村民自主开发经营项目。积极鼓励村民参与餐饮、住宿的经营业务，并由瑶都公司进行统一管理。目前，参与餐饮和住宿经营项目的农家乐有28家，其中有18家建立了家庭旅馆，共有住宿床位217个，直接带动从事旅游服务行业人数达140余人，增加农民人均月收入约2000元。二是村民自觉弘扬本土特色文化。江华县委、县政府多年来致力于倡导传承和保护瑶族特色文化，提倡"穿瑶服、说瑶话、唱瑶歌、跳瑶舞"。香草源村民逐步树立本土文化自信，自觉主动穿着瑶族传统服饰，成为传播"瑶文化"的一张张移动的名片。三是开发瑶族特色产品。部分村民开发了瑶浴包、香草香囊等具有当地特色的、新的旅游商品，有的村民还制作了瑶家腐乳、腊味、织锦、干笋、野菜、香菇、蜂蜜等一些土特产品，成为游客竞相购买的特色商品，特别是新鲜竹笋等山货，往往都被游客抢购一空，大大提高了当地村民农产品生产的积极性，增加了农民收入，为农民带来了真正的实惠。四是主动参与景区管理。村民看到了旅游给大家带来的实惠，开发旅游的积极性提高了，并成立了景区村民自治管理委员会，主动参与景区的管理，维护景区的运营秩序。

龙山惹巴拉：提升文化旅游服务助推精准脱贫

一　基本概况

龙山县位于湖南省西北边陲，地处湘、鄂、渝三省（市）交界之处，史称"湘鄂川之孔道"，属全省最偏远县之一，南北长106公里，东西宽32.5公里，总面积3131平方公里，全县辖21个乡镇（街道）397个行政村（社区），总人口60.1万，其中以土家族、苗族为主的16个少数民族人口占71%，是土家族的发祥地之一。惹巴拉位于龙山中部洗车河畔，主要包括苗儿滩镇捞车村、黎明村、六合村、树比村4个行政村，总面积30余平方公里，共1481户6082人，其中建档立卡贫困户432户共1779人。惹巴拉自然山水风光秀美、传统村落保存完好、民俗风情古朴浓郁，还完好传承了土家族摆手舞、打溜子、毛古斯、梯玛、咚咚喹、织锦技艺6个国家级非遗项目及众多省州级非遗项目，拥有"中国民族文化艺术——土家织锦之乡""中国历史文化名村""中国传统村落""全国特色景观旅游名村""国家乡村旅游扶贫重点村"等多个国字号品牌。近几年来，惹巴拉区域以土家文化为核心、以自然生态为依托、以贫困人口为重点，大力发展乡村旅游，助推精准脱贫。

二　取得成效

近年来，龙山县积极搭建融资平台，着力争资上项、招商引资及银行贷款，加大对惹巴拉民俗文化挖掘和乡村旅游开发的投入，采取租赁、流转、入股等形式，把农户生产资料转化为旅游资源、经营资产，鼓励引导建档立卡贫困户参加乡村旅游开发、经营、服务与管理，实现就地创业、就近就业、脱贫致富。2015 年，惹巴拉接待游客41 万人次，实现旅游收入 1.64 亿元，村民人均收入净增 500 元，带动脱贫 1400 余人，湖南经视 2014 年、2015 年连续两年把惹巴拉乡村旅游扶贫模式作为全省乡村旅游扶贫成功案例进行了专题跟踪播报，在省内外有了一定的影响力。

三　主要做法

（一）建设大项目

近年来，县里整合投入资金 8000 多万元，完成了惹巴拉凉亭桥、特色民居改造、冲天楼、摆手堂、游步道、停车场、游客中心、旅游厕所、拉拉渡、造林绿化、家庭客栈、农家乐等项目建设，实现了惹巴拉初步的对外开放。目前，县里在招商引资、利益联结机制上求突破，通过和北京消费宝集团合作，推进优势资源和战略资本的有效结合，计划投入资金 6 亿元，实施集土司王宫建筑群落和特色民宿酒店为一体的影视旅游项目，力争把惹巴拉建成"中国土家第一村"、全国知名休闲度假旅游目的地、国家 4A 级景区。

（二）推出大活动

在宣传推介上，注重节庆活动的轰动效应，积极策划各种大型的民族节庆赛会活动。近几年，在惹巴拉成功举办了舍巴日、龙舟赛等大型节庆赛会活动，成功承办了湖南卫视"新村走基层·直播惹巴拉"活动，向全世界展示了神秘的"土家年"，特别是本土大型实景舞台剧《白果花》每场购票人数超过 300 多人。通过节庆赛会活动举办和民族歌舞剧的演出，丰富了群众的文化生活，为乡村旅游发展带来了大量的客源，给当地百姓提供了更多的就业机会，增加了群众收入。

（三）树立大品牌

惹巴拉是土家族民俗文化保存最完好的地方，特别是盛产土家织锦，中国工艺美术大师叶玉翠就是这里本乡本土人，其代表作《张家界》《岳阳楼》等大型壁挂现在还陈列于人民大会堂，如今，基本家家有织锦机、户户有织女，户平织锦收入达 1.5 万元，涌现了黎秋梅、刘代娥、黎成菊、黎成凤等织锦大户 10 多家，其中黎秋梅、黎成菊等每年收入已超过百万元，"刘代娥土家织锦技艺传习所"被纳入了首批国家级非物质文化遗产生产性保护示范基地，土家织锦已发展成和云锦、蜀锦、壮锦齐名的中国"四大名锦"。

四　一些启示

惹巴拉捞车村是国家乡村旅游扶贫重点村，在乡村旅游扶贫上已上升到国家层面，通过民族文化的挖掘、提炼和利用，大力发展乡村旅游，切切实实地带动了群众脱贫致富，具有一定典型性、代表性，可在自然环境好、民族风情浓的"老少边穷"地区复制和推广。

（一）推进机制是前提

近年来，龙山县出台了《中共龙山县委龙山县人民政府关于进一步加快生态文化旅游产业发展的意见》《龙山县乡村旅游脱贫总体方案》《龙山县 2016 年乡村旅游脱贫实施方案》，成立了乡村旅游脱贫工程指挥部，把乡村旅游脱贫作为全县精准扶贫、精准脱贫的"十大工程"之一，由分管副县长任协调小组组长、文化旅游部门负责人为副组长、21 个成员单位负责人为成员，负责总体协调调度，并安排经费 30 万元保障正常运转。

（二）创新发展是关键

一是加快融资平台建设，破解资金"瓶颈"。坚持解放思想，敢于让利、敢于举债，积极"招大商、引大资"，以大开放带动大招商，以大项目拉动大建设，以大投入推动大发展。采取合资、独资、租赁、股份合作等多种形式，积极引进战略投资者，实现优势资本与优质资源有效对接。支持旅游企业和各类金融机构合作，采取项目特许权、经营权、旅游景区门票质押担保和收费权融资等方式扩大融资规模。二是突出地方特色，乡村旅游建设。整合捞车、六合、树比、星火四个土家族聚居村落，采取 PPP 模式与北京消费宝集团合作投资 6 亿元打造中国土家第一村，共建影视基地，探索影视文化产业与旅游产业结合的新路子，实现与州内其他景区互补发展、协调发展。

（三）基础设施是重点

坚持保护为先，按照"修旧如旧"的要求，投入资金 1.2 亿元，实施了惹巴拉附近的特色民居保护性修缮；投入 6000 多万元加强了惹巴拉景点、基础设施、配套设施建设；加快旅游通道建设，龙永高速洗车连接线已建成通车，洗车至里耶二级路预计 2016 年年底建通车，旅游交通"瓶颈"日趋破解。下一步，将重点加快建设惹巴拉主游客中心、土家文化研究院、织锦博物馆、农耕博物馆建设等项目建设，探索实施"基地＋合作社＋农户"的运作模式，开办家庭农庄、采摘园、渔家乐等新型体验式农业，加大建档立卡贫困户的参与度。

（四）政策支撑是保障

加大乡村旅游脱贫奖励扶持的力度：一是对建档立卡贫困户成员达 10 户以上乡村旅游产业合作社等新型农业经营主体，符合条件的优先纳入专项扶贫资金和扶贫小额信贷资金支持范畴。二是对吸纳建档立卡贫困人口稳定就业半年以上的旅行社、农家乐、乡村客栈、休闲农业观光园等乡村旅游产业经营主体，按每吸纳一人每年补贴 1300元、每家经营主体每年不超过 1 万元的标准予以补助。三是对于吸纳建档立卡贫困人口稳定就业半年以上的旅游商品生产企业按每人每年800 元、一家企业每年不超过 5 万元的标准予以补助。四是对建档立卡贫困人口考取厨师证、导游证的，按每证 2000 元的标准一次性予以补助，加快乡村旅游与精准扶贫、精准脱贫有机结合。

提升主体文化素质　大力助推精准脱贫

——花垣县十八洞村文化精准脱贫工作

一　基本情况

十八洞村位于花垣双龙镇西南部，距县城 34 公里，距州府 38 公里，距矮寨大桥 8 公里。全村辖 4 个自然寨，6 个村民小组，225 户939 人，属纯苗聚居区。该村属高山溶岩地区，生态环境优美，森林覆盖率达 87%。境内有莲台山林场、黄马岩、乌龙一线天、背儿山、擎天柱等风景点，特别是十八溶洞，洞洞相连，洞内景观奇特，神态各异，巧夺天工，被誉为"亚洲第一奇洞"，十八洞村因而被习近平总书记誉为"小张家界"。

十八洞村苗族文化底蕴深厚，民族风情浓郁，苗族原生态文化保存完好。每逢春节、苗族"四月八""过苗年""苗族赶秋"等传统节日，都会举办抢狮、接龙、打苗鼓、舞龙、上刀梯、椎牛、唱苗歌等民俗文化活动。该村拥有苗绣、蜡染、花带、古花蚕丝织布等民族传统工艺产品。有十八洞腊肉、酸鱼、酸肉、野菜等多种特色食品；有上刀梯、踩铧口、巴代、定鸡等苗族绝技。2013 年 11 月，习近平总书记在十八洞村首次提出了"实事求是，因地制宜，分类指导，精准扶贫"的重要思想。

2014 年以来，花垣县文化部门在上级党委、政府的正确领导和省、州文化主管部门的具体指导下，立足部门自身职能，在十八洞村广泛开展文化扶贫，提升群众文化素质，为推进精准脱贫积极探索发展新路径，取得明显成效。

二　主要做法

（一）加强宣传教育，激发党员干部群众打赢脱贫攻坚战的思想动力

一是强化"一张好名片、一方好山水、一个好故事、一首好歌曲、一个好团队""五个一"宣传教育，增强十八洞村村民的文化自信心。以 2013 年 11 月 3 日习近平总书记在十八洞考察、首次提出"精准扶贫"思想为契机，先后参与或组织创作、拍摄了《十八洞的月光》MV、《不忘老乡亲》、《不知该怎么称呼你》等一系列经典歌谣并广为传唱，让十八洞村走向全国，走进千家万户，增进了村党员干部群众打赢脱贫攻坚战的决心和信心。二是坚持贯彻落实习总书记"实事求是，因地制宜，分类指导，精准扶贫"的战略思想，提升十八洞村产业建设的自生力。十八洞的溶洞山水自然景观、十八洞传说故事和精准扶贫思想"红色摇篮"，让十八洞村发展文化旅游产业"造血式"扶贫攻坚有了资源保障和精神动力。三是积极开展"农村道德讲堂"和思想道德星级管理模式等文化宣教活动，增强村民维护十八洞村"幸福人家"良好形象的自律心。通过宣传教育，干部群众积极参与同建同治"美丽乡村"建设，自觉维护十八洞村村容村貌干

净整洁，让十八洞"天更蓝、山更绿、水更清、村更古、人更美、情更浓"。十八洞村"道德讲堂"的典型经验被湘西自治州在全州范围内推广。

（二）开展文化服务，为脱贫攻坚提供文化精神助力

一是积极开展"送图书""送戏""送电影"等文化惠民活动。省、州、县各级文化部门、文艺演出团体先后多次组织在十八洞村开展文化下乡或文艺演出活动。县图书馆积极组织开展"流动图书车"上门服务。2016 年 7 月 28 日，县文化部门配合国家图书馆在十八洞村开展数字图书馆阅读工程推广活动。2014 年 11 月 3 日，十八洞村村民自行举办习总书记考察一周年纪念文娱晚会；2015 年 11 月 2 日，再次举办纪念习近平总书记到访十八洞村两周年汇报演出活动。2016 年 2 月 28 日，县文化部门积极协办并参加由省文化厅在十八洞村组织开展的"送戏曲进万村，送书画进万家"演艺惠民暨文艺家创作采风活动启动仪式。2016 年 4 月 23 日，州、县图书馆在十八洞村举行"全民阅读、书香你我"世界读书日经典诵读活动，为该村群众送去了精彩的文艺节目和实用农家致富科技图书等，帮助提高村民的文化素质和脱贫技能。二是加强文艺辅导，开展群文活动。派出"三区"人才文化辅导员和文化志愿者常驻十八洞村，开展基层文化、文艺活动指导，组织开展免费文艺培训，组建村级文艺队伍，开展文艺创作、排演，举办并积极参与各类文艺活动。帮助组建了十八洞村文艺队，辅导创作、排演声乐合唱苗语版《不知该怎么称呼您》、小品《山路弯弯》、舞蹈《十八洞的月光》、广场舞《踏着歌声来见你》、《风景这边独好》、歌伴舞《山歌唱出好兆头》、女子群舞《簸箕舞》、苗歌高腔《黛雄拢开党员会》、快板《挑着猕猴桃上北京》、快板《习大大真伟大》等一批文艺节目；协助拍摄了歌曲《习主席走进苗家寨》MV、民歌《十八洞的月光》、微电影《留守的爱》、《筑梦十八洞》等。2014—2015 年，连续两年在十八洞村举办习近平总书记在十八洞考察周年纪念文艺晚会演出活动，参演节目由群众自编、自导、自演，深受村民群众欢迎和好评。2015 年 9 月组织十八洞村村民参加全县"中国梦·苗乡情"歌唱比赛，并获三等奖；2014 年 3 月，

成功举办了根据习近平总书记在十八洞村考察扶贫工作而创作的"你是大姐"系列主题的万米书画展。三是加强基础设施建设。2014 年，为十八洞村 22 户贫困户安装开通了卫星直播电视"村村通"设备；2016 年组织为 240 户精准脱贫户安装卫星直播电视"户户通"，新建广播"村村响"广播室，确保全村群众看好电视，听好广播。同时，加强村级图书室建设与管理，积极开展村综合文化服务中心和村级文化广场建设。目前，村综合文化服务中心工程进度已完成 84%。

（三）举办苗绣培训，为脱贫攻坚培育民族特色产业

积极组织开展非遗保护项目苗族刺绣培训，建立了十八洞苗绣传习培训基地并授牌，积极发展苗绣产业。2014 年 5 月，排碧乡十八洞村苗绣特产农民专业合作社成立。该村及附近村寨 40 多名苗族妇女参加了合作社，采取"公司 + 合作社 + 农户"的经营模式，与吉首金毕果公司、花垣蚩尤美苗乡民族民间工艺品有限责任公司、花垣五新湘西苗绣研发有限公司等公司签订合同，公司提供绣品、负责收购，合作社农户负责加工，此举为农村民族传统工艺产业发展开辟了一条新路。2015 年苗绣合作社社员从 43 人增加到 54 人。2015 年，与省外侨办签订 20 万元订单。2015 年 5 月，由十八洞村苗绣合作社生产的部分苗绣产品首次亮相深圳文博会，三天内销售一空，得到参会各界人士关注和称赞。展会期间，时任省委常委、宣传部部长许又声前往花垣苗绣展区参观了花垣生产的苗绣产品，并与现场工作人员进行热烈的交流互动，对花垣苗绣产品予以高度评价。

（四）发展乡村旅游，为脱贫攻坚开辟新型门路

利用十八洞村独特的自然景观、特色民俗民风、特色建筑和习近平总书记前来考察调研的影响力，将十八洞村打造成为党的群众路线教育实践基地和乡村旅游胜地。组织成立了花垣县十八洞村游苗寨文化传媒有限责任公司，下设游客服务中心，发展农家乐 4 家。通过积极抓好美丽乡村游和红色旅游产业，将生态文化旅游业作为全村长富久富的一项产业进行规划、招商引资打造并尽快同步启动实施。2015年，完成了《扶贫旅游重点村可行性研究报告》的编制，完成了十八洞游步道、停车场和标识牌等基础设施建设。编制完成了《花垣县十

八洞村旅游规划》，并在 2016 年 8 月召开的第二届全国乡村旅游与旅游扶贫推进大会上荣获"全国旅游扶贫规划示范成果"。2016 年春节和"五一"小长假自驾游引爆花垣乡村旅游市场，仅大年初三当日，十八洞村游客就达 9000 人。2013 年 11 月至今，十八洞村接待游客和考察团队累计 50 余万人次，累计创收 80 多万元，受益人数覆盖面达 80%。2014—2015 年两年全村共脱贫 61 户 269 人。其中，2014 年脱贫 9 户 46 人，一年共收入 411959 元，人均收入 8956 元。2015 年脱贫 52 户 223 人，共收入 2371603 元，人均收入 10635 元。2015 年嫁到十八洞村的孔铭英，聪明能干，和老公施全友一起在村里开了一个农家乐，年人均收入达 1 万余元，并于 2015 年成功脱贫。

2016 年年初，央视《新闻联播》连续 5 天系列报道《"十八洞村"扶贫故事》，中央其他主流媒体纷纷跟踪宣传报道，十八洞被省委宣传部评为"湖南省文明旅游景区"，十八洞成了继"边城"后，花垣县旅游产业形象一张亮丽的新名片。

"文化扶贫"带来新风貌
——记茶陵县严塘镇高径村文化扶贫

高径村地处茶陵县严塘镇北部边缘。全村 257 户，14 个村民小组，1208 人，党员 36 人，林地 5200 亩，耕地面积 1050 亩。村交通便利，地势平坦，人杰地灵，诞生了段苏权、段焕竞、段湷毅三位共和国将军，有"将军村"之美誉，先后被评为全国妇联基层组织建设示范村、省美丽乡村建设示范村、市文明建设示范村、市"两型社会"示范村、市新能源示范村、市生态示范村、市绿色村庄等称号。

过去，高径村的文化基础设施薄弱，村内集体文化活动几乎没有，村民业务活动较少，主要以看电视、打牌、打麻将为主，赌博风气盛行，大部分村民都是通过看电视来满足自身的文化需求。2013 年，高径村被纳入全省"百城千镇万村"新农村建设工程，支村两委怀揣着带领村民致富奔小康的强烈愿望，开始尝试破除农民生产生活上的传统观念，探索新的产业发展和村庄治理模式。农村文化建设的重要性正被全社会所认同，建设社会主义新农村离不开文化建设，无论是从农业生产、农业管理，还是农村群众的自身发展等方面，均需要得到文化的支撑。2015 年 11 月，按照中宣部和省委宣传部的部署，高径村被定为株洲市第一批贫困地区村级综合文化服务中心示范点建设村之一，为此，高径村开始创建国家公共文化服务体系建设试点村，以此为契机，大幅度建设村综合文化设施，提高老百姓的幸福指数。

一　凝心聚力重组织

为高规格地建设村综合文化服务中心，该村成立了由党支部书记为组长，村主任为副组长，村秘书、妇女主任、老年协会成员及各组组长为成员的领导小组。召开村、支"两委"会议，示范村建设得到与会人员的一致赞同，以成立的舞蹈队、锣鼓队、朗诵队为文化活动队伍，村每年给予 0.45 万元经费保障。村老年协会成员对文化设施建设进行施工监督，各组长负责协调。聘请文化馆老馆长王晚保同志为总策划师，建设局负责规划设计，形成了良好的文化服务中心示范点建设保障体系。

二　基础建设重投入

投资 170 万元新建文化休闲广场，文化广场面积达 8000 平方米。投资 20 余万元建设高径大舞台，大舞台长 14.8 米，宽 10.8 米，舞台以木材铺设，按仿古建筑造型。投资 30 余万元新建文化活动中心，文化活动室达 200 平方米，集农家书屋图书阅览，培训、宣传、宽带上网，文化辅导，多功能室于一体。投资 10 余万元建设篮球场及健身设备，投资 20 余万元对广场范围内进行绿化；投资 450 余万元建设高径农民公园。投资 5 万元建设文化长廊及宣传栏，把国家、省、市、县文化政策及高径村的红色文化、特色文化集中展示。以上设施均于 2016 年 7 月前竣工。投资 15.4 万元准备安装广场大型高清 LED 显示屏。

三　文化发展重规划

根据本村实际，充分利用绿色生态资源和红色资源相结合，走红色和绿色、红色和民俗结合之路，利用美丽乡村和特色农业等各种形式，打造高径乡村旅游，发展村域经济。建立一套良好的文化管理制度，聘请专人管理已建好的文化设施，发挥其最大效果。计划翻修将军故居，新建陈列馆及名人展示馆，翻修榨油坊，立将军雕像，现在，高径村正在筹划用 3 万元经费用于红色高径文艺汇演暨举办芝麻茶节，弘扬高径特色文化，扩大高径知名度，提高高径村影响力。

"巧手脱贫"

——记城步苗绣带领农村留守妇女创新创业项目

城步苗族自治县有"千年苗疆"之称，苗族文化沉淀深厚。城步苗绣承载着深厚的文化内涵，神秘的图腾，古老的技法，缤纷的色彩，独特的艺术风格和刺绣特色，被国内外众多专家所赞誉。城步苗绣在濒临灭绝的情况下，经过近十年挖掘、收集、开发，终于在 2015 年申报为市级非遗项目，古老的民族文化得以传承。

目前唯一能掌握苗绣多种针法和技巧的新一代传承人伍前金是五团镇蜡里村的普通农民，她的梦想就是不管有多大困难也要把苗绣继续传承下去。看到祖宗传下来的手工艺即将失传，看到留守的妇女没收入来源，为更好地传承和保护苗绣文化遗产，她决定带领农村留守妇女创业。

2016 年以来，在各级政府和领导的支持和帮助下，城步苗绣文化研究所在长安营镇岩寨村和五团镇建成两个苗绣基地，带领农村留守妇女实行"巧手脱贫"，解决农村就业问题和留守儿童问题。该项目主要从事苗绣收集、设计、制作、销售等相关的业务，开发绣花服饰、围巾、被面、香包等多样性日常生活用品，采用"公司＋合作社＋社员"模式，由公司配送材料到合作社，再由合作社专人负责发放材料到社员，社员绣好后由公司按标准回收和发放工资。这是一个千年文化传承项目，也是少数民族地区依靠传统手工艺精准扶贫的一个好项目，开展六个月来取得了良好的社会和经济效益。该项目也是非常好的公益项目，2016 年获得由邵阳市政府主办邵阳市助力脱贫攻坚志愿服务项目大赛银奖；获得湖南省首届青年志愿服务项目大赛金奖，并成功晋级中国青年志愿服务项目大赛全国总决赛。同时该项目响应习近平总书记"大力发展和扶植少数民族的传统手工艺"和李克强总理"大众创业、万众创新",由此以优异的成绩晋级由人社部和宋庆龄基金会主办的"中国创翼"创新创业大赛全国总决赛,既是邵阳市唯一的一支队伍,也是湖南省唯一一支团队组队伍。

"传承千年文化、绣出五彩人生",这是伍前金带领城步苗绣文化研究所的意旨,希望在政府的帮助和扶植下把城步苗绣传承下去,并发扬光大,解决更多农村留守妇女就业问题。

文化扶贫　润物无声

涟源市伏口镇猫公岩村地处涟源与安化的高山之巅,全村753人,198户分散在居住在猫公岩石下的半山坡上,200亩水田,210亩旱地,1500余亩山地,每年有三个多月人畜饮水困难。2014年人均纯收入不足2300元,是省级贫困村,扶贫攻坚任重道远。

一　帮扶工作队来了

2015年4月,娄底文体广新局到猫公岩村开展帮扶工作,在进村入户走访调研的过程中,发现精壮劳力绝大部分外出务工,留守家中的绝大部分是老人、妇女和儿童,学龄孩子上学后,村里最主要的文化生活是妇女们拖儿带女、三五成群在村里人员比较集中的院落打起牌来,最多时达20桌,加上观牌看热闹者在100人以上,除了打牌以外,是典型的"三叫"(早晨听鸡叫,中午听猪叫,晚上听狗叫)文化村。

文体广新局党组研究决定充分调动"半边天"的积极性,把妇女同志从牌桌上吸引过来为第一出发点,成立猫公岩农民艺术团,由局里负责购买乐器和文化用品,先期组建铜管乐队和女子龙灯队,由局里派专业老师到村进行辅导和授课,积极探索文化扶贫路子。

二　没时间打牌了

精准帮扶户吴再兴与文体广新局党组书记局长魏志军结成了帮扶对子,在与吴再兴共商脱贫大计的过程中,要求他们家在搞好产业的同时,要积极参与村里的文化活动,吴再兴长期在外务工,他爱人杨奇丽是贵州人,平时在家侍奉婆婆,接送小孩上学,种点庄稼和蔬菜，与外界接触得很少，刚开始参加龙队时还扭扭捏捏，说起话来面红耳赤，经过几个月的培训，不仅龙耍得好，而且能唱能跳，成了龙队的台柱子；吴再兴说话也还有点腼腆，乐队成员开玩笑要他也来训一训，他总是红着脸，摇头摆首走开了。

艺术团负责人黄素辉要组织龙队的乐队的培训，还要参加乐队的训练，每天忙得团团转，"我有一年多没摸牌了"，此言一出，在场的妇女同志们七嘴八舌，有说半年的，有说几个月的，反正一句话"没时间打牌了"成了团里的流行语言。村里几处牌桌也冷清了许多，有两位牌老板干脆也加入了艺术团，与大家一起舞龙吹号"嘿"起来了。现在的艺术团成员有 8 位精准帮扶户，10 多户非精准帮扶的困难户。共同的爱好使她们走到了一起。

三　欢声笑语成常态了

艺术团成员每天清早踏着《泉水叮咚》的节奏，哼着《开门红》的歌词，急急忙忙喂猪、放鸡、除草、施肥，做完早餐招呼好老人，送完孩子，30 余人就聚在一起，舞龙吹乐，跳起伞、扇子、红绸舞；看热闹的老人和孩子，"犹抱琵琶半遮面"想学又拉不开脸面的堂客们，村里两三处培训地点，踏歌起舞，锣鼓喧天，天天都有三四十人闹腾在一起。2016 年 7 月，工作队请了专业的老师上山为艺术团《补锅》和《砍樵》的舞蹈进行辅导，村里的老百姓以为是"打花鼓"的来了，100 多人把训练场所挤了个水泄不通。

几个月下来，艺术团二支队伍或是单独，或是全部出动参与周边的婚丧喜庆活动，人均已达 6 次，收入在 1000 元左右，据估计年收入在 4000 元以上。有了实实在在的经济收入，妇女同志们积极性更高了，她们还要学花鼓戏、学主持、学做小品、学讲相声，帮扶工作队现、正帮助她们有计划、分步骤排练《小姑贤》《讨学钱》《小砍樵》等花鼓小戏，她们一致的想法就是比其他的演出队节目要独特一点，内容要丰富一点，名气要更大一点，占有市场就会更有力一点。

猫公岩村农民艺术团的成立，种植了文化，锻炼了身体，丰富了生活，润物无声地融洽了邻里关系，弘扬了正能量，贫困村民也增加了一点收入，是精准扶贫、精准脱贫的好途径。

以文化扶贫 脱贫新风俗

华容县三封寺镇华一村位于风景秀美的桃花山脚下，辖13个村民小组，人口1670人，耕地面积1543亩，集雨面积9.8平方公里。在中央、省、市、县作出精准扶贫、精准脱贫的重大决策部署后，华一村把扶贫、脱贫作为一场必须打赢的"新战役"，自觉继承和弘扬华一精神，以文化扶贫，为脱贫攻坚注入持续动力。

以文化人，激发脱贫、致富原动力，治贫先治愚，扶贫先扶志。在全面摸底后，村建立了文化扶贫、脱贫档案，2016年村请来了县花鼓戏协会来村演出1次，与县花鼓戏协会联系、沟通，得到县花鼓戏协会大力支持，专门编排了"华一情"为题目的大型花鼓戏，宣传华一村的风景、人文，教育大家保护好青山绿水、人居环境。村组织了广场舞队伍，购置了移动音响设备，还有舞龙队伍等，群众性文化活动队伍，特邀扶贫、脱贫对象参加文化活动。村部在县文广新旅局的支持下安装了室外群众健身器材，村部还建成了历史文化展室、村情民俗馆，全方位展现历史革命、民俗资源、红色文化、特色物产，留住乡村记忆，引导干部群众在传承华一精神中认清历史责任，强化现实担当，在今昔对比中理清发展思路，增强脱贫致富信心。村办起了图书室，"送学上门"，使群众可以便捷地了解致富信息，提高致富本领。大力宣传道德教育，村编辑了华一村美丽乡村建设优风良俗宣传手册，村每户一册。上面编辑了华一村美丽村庄建设倡导书，号召大家为了家乡美，支持、参与到建设中来。编辑了华一村"四字"优风良俗公约，一勤：田地勤耕种、庭院勤打扫、绿化勤维护；二诚：诚恳待人、诚信经营、诚实守法；三健：健康生活、健康运动、健康育人；四和：语言平和、家庭和睦、邻里和善。编辑了村规民约十二条等。通过上述种种群众性文化活动宣传、学习，使大家更生动、具体地把华一优良传统记入脑海，保住青山绿水，达到致富、扶贫、脱贫的目的。

以文富民，以文育人，探索文化扶贫、脱贫新路径。在文化活动中，致富能手面对面扶贫，脱贫对象传授致富经验，帮贫困对象致富脱贫。本村一组村民蔡建军，思想守旧，重男轻女，生养了三个孩子，严重违反了计划生育政策，在长期逃避计划生育的过程中，只想生儿没想劳动致富，导致田地荒废，生活困难，子女上学困难，和邻里接触少，2016 年村将他列入重点助学脱贫对象，村成立广场舞队后，大家邀请他参加，通过广场舞和大家接触多了，沟通多了，激发了致富脱贫的斗志。通过帮扶，他今年种植水稻近 20 亩，扩种果木近 5 亩，预计年收入近 6 万元，孩子上学也背上了新书包，穿上了新衣服，他自己觉得现在不像以前躲避计划生育时生活在黑暗之中，通过参加集体文化活动，了解了致富门路，开阔了思想，尝到了致富的甜头。以文致富、以文育人在我们华一村现已形成了良好的风俗。

发展特色文化旅游　助推精准扶贫工作

——江永兰溪勾蓝瑶寨村民走上了脱贫奔小康之路

江永兰溪勾蓝瑶寨包括上村、下村和大径村。三个古村布局呈三角形，各村相距不到一公里，整个乡方圆约六公里，村里居住的有蒋、欧阳、黄、何等 13 姓，均系勾蓝瑶。由于特殊的地理位置和独特人文历史，千百年来，勾蓝瑶人与世无争，过着自给自足、默默无闻的生活。四周的高山形成一道防御外来入侵的天然屏障。他们还在九处山与山之间的接口处建了九座城门，大径、上村、下村各三处。在外界纷扰、争斗激烈的时期，这里的城楼上有人把守站岗，并设有瞭望台与枪眼。坚固的城门厚两寸余，历年都是日出开门、日落关门，日夜巡查，特别严厉。九城门皆有数百斤重的大钟，如闻有警，众钟齐鸣，响彻云霄。古村勾蓝瑶是根据姓氏集合聚居的，一个姓氏一个门楼，门楼与主干道垂直，有 13 条次干道，各姓氏各沿主干道及次干道左右设置的小巷向后延伸布置住房，形成以血缘为主脉的居住格局。门楼及房屋的建筑风格，有青州徽派建筑的影子，同时又有浓郁的瑶文化风味。各门楼之间有城墙连接，每个门楼分建有守夜屋，形成了独特的城堡式村寨。正因为相对封闭的地理位置和少数民族聚居地群众文化水平低等原因，兰溪乡乡民一直过着男耕女织的传统小农式的生活，经济非常贫困。

近年来，在国家实施精准扶贫的战略规划下，各级党和政府的重视和关怀下，勾蓝瑶寨完成了景区规划，按照"发展经济、恢复古村、保护文物、开发旅游"的思路，着力打造成国内外知名的旅游目的地。大力发展与旅游相关的特色种养业。形成了 400 亩以香柚、柑橘为主的优质水果，300 亩优质水稻，150 亩玉米、南瓜，春有稻、夏有瓜、秋有果，成为瑶胞致富奔小康的主导产业。盛夏时节，连片碧绿的果树、稻田与古朴的民居交相辉映，与远山、蓝天、白云融为一体，好一派田园风光，乡村美景。

积极走"以旅兴农"之路。做活民俗文化旅游文章，打造"千年瑶寨、自然兰溪"旅游品牌，各级财政共投入 8000 多万元，兴建了民俗文化表演厅，修缮门楼 7 个、祠堂 4 座。黄家和上村共同组建了勾蓝瑶民俗文化旅游开发经济合作社，以村支"两委"作为经济合作社的组织者和开发主体，以股份运作的模式，带动全体瑶胞参与民俗文化旅游产业。村里成立了龙狮队，组建了瑶家女子拳表演队，恢复了长鼓、耍大刀等传统习俗。如今，"瑶家拳术"被写进了地方特色开发本土课程，走进了中小学课堂，聘请当地德高望重的民间瑶文化艺人担任辅导老师，利用课外活动时间向爱好武术的学生传授武艺，对当地瑶文化的传承起到了重要作用。积极举办"洗泥节"吸引了来自全国各地的数十万游客，前来观光，每年农历五月十三，是勾蓝瑶的洗泥节。旧时，勾蓝瑶民在离家较远的地方开荒种地，为方便生产，瑶民们在田地里盖起"牛庄屋"，农忙时节男人住牛庄屋劳作，女人就在家操持家务，每年农历五月忙完了春耕，男人们就可以洗净农具，回家歇上一阵，"洗泥节"正是瑶民们庆祝男人回家夫妻团聚的节日。在这一天，瑶民们都要酿苦瓜，宴请宾朋好友，无论是否相识，来者皆是客，谁家宾客越多，表示谁家今年收成越好，家宅越兴旺。这天，瑶民们或耍龙舞狮，走村串户，甚至请来本地戏班唱上三天三夜，一直沿袭至今。来自全国各地的游客在这个节日都会深深感受到瑶家文化的独特魅力，村内各式各样的农家乐办得风生水起，勾蓝瑶寨的特色文化发展道路，帮助了大量的村民走上了脱贫致富之路。

勾蓝瑶寨先后被评为湖南省文物保护单位、省少数民族特色村寨，中国历史文化名村。"洗泥节"被列入省非物质文化遗产名录。勾蓝瑶胞们用自己的勤劳和智慧，共同创造了瑶寨"村风好、村容美、村民富"的崭新生活。

附录　文件汇编

文化部　财政部关于推动特色文化产业发展的指导意见

（文产发〔2014〕28 号）

各省、自治区、直辖市文化厅（局）、财政厅（局），新疆生产建设兵团文化广播电视局、财务局，各计划单列市文化局、财政局：

特色文化产业是指依托各地独特的文化资源，通过创意转化、科技提升和市场运作，提供具有鲜明区域特点和民族特色的文化产品和服务的产业形态。发展特色文化产业对深入挖掘和阐发中华优秀传统文化的时代价值、培育和弘扬社会主义核心价值观、优化文化产业布局、推动区域经济社会发展、促进社会和谐、加快经济转型升级和新型城镇化建设，发挥文化育民、乐民、富民作用，具有重要意义。近年来，我国特色文化产业发展势头良好，但还存在产业基础薄弱、市场化程度不高、知名品牌较少、高端创意和管理人才不足等问题。为贯彻落实党的十七届六中全会关于发展特色文化产业、国务院关于推进文化创意和设计服务与相关产业融合发展的精神，加快实施《国家"十二五"时期文化改革发展规划纲要》，推动特色文化产业健康快速发展，特制定本意见。

一　总体要求

（一）基本原则

传承文化，科学发展。坚持古为今用、推陈出新，努力实现中华优秀传统文化的创造性转化、创新性发展。在产业发展尤其是特色街区、特色村镇、园区基地建设中，注重保护乡村原始风貌、文化特色和自然生态，突出传统特点，不搞大拆大建，不拆真建假，不毁坏古迹和历史记忆。

因地制宜，突出特色。立足各地特色文化资源和区域功能定位，发挥比较优势，明确发展重点，把文化资源优势转变为产业优势，构建具有鲜明区域和民族特色的文化产业体系，促进多样化、差异化发展。

创意引领，跨界融合。加强创意设计，打破行业和地区壁垒，促进特色文化资源与现代消费需求有效对接，加快特色文化产业与旅游等相关产业融合发展，提升产品品质，丰富产品形态，延伸产业链条，拓展特色文化产业发展空间。

市场运作，政府扶持。坚持企业主体、市场运作，更好地发挥政府的引导、扶持职能，完善政策措施，健全市场体系，优化发展环境，提升特色文化产业创新能力和发展活力。

（二）主要目标

到 2020 年，基本建立特色鲜明、重点突出、布局合理、链条完整、效益显著的特色文化产业发展格局，形成若干在全国有重要影响力的特色文化产业带，建设一批典型带动作用明显的特色文化产业示范区和示范乡镇，培育一大批充满活力的各类特色文化市场主体，形成一批具有核心竞争力的特色文化企业、产品和品牌。特色文化资源得到有效保护和合理利用，特色文化产业产值明显增加，吸纳就业能力大幅提高，产品和服务更加丰富，在促进地方经济发展、推动城镇化建设、提高生活品质、复兴优秀传统文化、提升文化软实力等方面作用更加凸显。

二 主要任务

（一）发展重点领域

鼓励各地发展工艺品、演艺娱乐、文化旅游、特色节庆、特色展览等特色文化产业。工艺品业要在保护多样性和独特性的基础上，坚持继承和创新相结合，促进特色文化元素、传统工艺技艺与创意设计、现代科技、时代元素相结合。演艺娱乐业要鼓励内容和形式创新，创作文化内涵丰富、适应市场需求的地域和民族特色演艺精品，支持发展集演艺、休闲、旅游、餐饮、购物等于一体的综合娱乐设施。文化旅游业要开发具有地域特色和民族风情的旅游产品，促进由单纯观光型向参与式、体验式等新型业态转变。特色节庆业要发掘各地传统节庆文化内涵，提升新兴节庆文化品质，形成一批参与度高、影响力大、社会效益和经济效益好的节庆品牌。特色展览业要依托各地文化资源，突出本地特色，实现市场化、专业化、品牌化发展。引导特色文化产业与建筑、园林、农业、体育、餐饮、服装、生活日用品等领域融合发展，培育新的产品类型和新兴业态。

（二）发展区域性特色文化产业带

加强对地缘相近、文脉相承区域的统筹协调，鼓励发展优势互补、相互促进的特色文化产业带。发挥现有区域合作框架作用，建立和完善特色文化产业区域合作机制，加强整体规划，围绕重点产业和重点项目，推动产业要素有效配置，促进区域特色文化产业协同发展。按照国家建设"丝绸之路经济带"总体部署，依托丝绸之路沿线丰富的文化资源，调动各方力量，推动丝绸之路文化产业带建设。持续推进藏羌彝文化产业走廊建设，合理规划、引导实施一批特色文化产业项目，突出民族文化特色，推进文化与生态、旅游的融合发展，建成国际知名的文化旅游目的地和有示范效应的特色文化产业带。促进南水北调工程景观与周边生态、文化、旅游资源有机融合，加快建设南水北调工程文化旅游产业带。

（三）建设特色文化产业示范区

加强规划引导、典型示范，鼓励各地结合当地文化特色不断推出优秀文化产品和服务，形成各具特色的文化产业发展格局，建设一批文化特色鲜明、产业优势突出的特色文化产业示范区。对投入力度大、工作取得明显成效的示范区予以重点扶持，充分调动地方政府积极性，引导各地深入研究评估当地可供产业开发的特色文化资源，提出资源利用和转化规划，推动特色文化产业有序集聚，形成一批集聚效应明显、孵化功能突出的特色文化产业基地、园区和集群。通过特

色文化产业示范区的示范辐射作用，带动全国范围内特色文化产业创
新发展，不断增强区域文化产业发展的核心竞争力，提升区域文化品
格，打造地方文化名片。

（四）打造特色文化城镇和乡村

将特色文化产业发展纳入新型城镇化建设规划，延续城市历史
文脉，承载文化记忆和乡愁，建设有历史记忆、地域特色、民族特
点的特色文化城镇和乡村。明确城市文化定位和文化产业发展重
点，把特色文化产业项目与城市景观风貌、功能布局紧密融合，形
成地域特色，避免千城一面。突出传统特点，彰显文化特色，保护
历史文化名镇名村和乡村原始风貌、自然生态，鼓励文化资源丰富
的村镇因地制宜发展特色文化产业，建设一批文化特点鲜明和主导
产业突出的特色文化产业示范乡镇、特色文化街区、特色文化乡
村，促进城镇居民、农业转移人口和农民就业增收。

（五）健全各类特色文化市场主体

培育和引进特色文化骨干企业，发挥其在创意研发、品牌培育、
渠道建设、市场推广等方面的龙头作用，带动区域特色文化产业发
展。打破地区、行业分割，主动开放市场，鼓励外地企业到本地投
资发展特色文化产业，鼓励其他行业企业和民间资本通过多种形式
进入特色文化产业，把引入外部资源和做强做优本地企业有机结
合。鼓励各类合作社、协作体和产业联盟在整合资源、搭建平台等
方面发挥积极作用。扶持各类小微特色文化企业和创业个人，支持
个体创作者、工作室等特色文化产业主体发展。

（六）培育特色文化品牌

支持各地实施"一地（县、镇、村）一品"战略，形成一批具
有较强影响力和市场竞争力的产品品牌。发挥有代表性的民间手工艺
人、工艺美术大师和文化名人在培育特色文化品牌中的作用。建立特
色文化品牌认证和发布机制，加强宣传推广，完善传统工艺、技艺的
认定保护机制，鼓励挖掘、保护、发展中华老字号等民间特色传统技
艺和服务理念，鼓励特色文化企业申报原产地标记，加大知识产权的
保护利用力度。

（七）促进特色文化产品交易

完善特色文化产品营销体系，创新营销理念，发展电子商务、物流配送、连锁经营等现代流通组织和流通形式，依托社交媒体等网络平台，拓展大众消费市场，探索个性化定制服务。支持特色文化产品参加各类文化产业展会，鼓励有条件的展会设立特色文化产品展示专区，支持西部地区、民族地区特色文化产品和服务参展。鼓励"公司＋农户"经营模式发展，引导一家一户式的传统销售向代理、品牌授权等现代营销转变。借助社会组织、专业机构的营销渠道与营销经验，扩大特色文化产品销售。提升各类交易平台的信息化和网络化水平，促进特色文化产品和服务交易。

三 保障措施

（一）加大财税金融扶持

加大财政对特色文化产业发展的支持力度，把特色文化产业发展工程纳入中央财政文化产业发展专项资金扶持范围，分步实施、逐年推进。充分发挥财政资金杠杆作用，重点支持具有地域特色和民族风情的民族工艺品创意设计、文化旅游开发、演艺剧目制作、特色文化资源向现代文化产品转化和特色文化品牌推广，支持丝绸之路文化产业带、藏羌彝文化产业走廊建设。认真落实国家扶持文化产业发展的各项税收政策，加强税收政策跟踪问效。利用文化部与相关金融机构部门合作机制、文化产业投融资公共服务平台，加强对特色文化企业的投融资支持与服务。

（二）强化人才支撑

以培养高技能人才和高端文化创意、经营管理人才为重点，加大对特色文化产业人才的培养和扶持。探索与知名培训机构、专业院校、科研院所建立人才共同培养机制，办好西部文化产业经营管理人才培训班、文化产业投融资实务系列研修班。通过资金补助、师资支持等多种形式，支持各地开展特色文化产业人才培训。依托工作室、文化名人、艺术大师，促进人才培养和传统技艺传承。加强对非物质文化遗产传承人和学艺者的培训，着重提高其创新创意能力。积极将特色文化产业人才培养纳入各级政府人才发展规划和工作计划。

（三）建立重点项目库

按照自愿申报、动态管理、重点扶持的原则，依托国家文化产业项目服务平台，面向全国征集具有示范性和带动性的特色文化产业重点项目，加强对重点项目的组织、管理、协调、支持和服务。广泛吸引社会资本参与建设，拓宽特色文化产业重点项目投融资、交易、合作渠道。优先支持符合条件的重点项目享受中央财政文化产业发展专项资金项目补助、保费补贴、贷款贴息、绩效奖励等扶持。

（四）支持拓展境外市场

综合运用多种政策手段，对特色文化产品和服务出口、境外投资、营销渠道建设、市场开拓等方面给予支持。加强对外文化贸易公共信息服务，及时发布国际文化市场动态和国际文化产业政策信息。支持特色文化企业参加境外展会和文化活动，鼓励在境外开展项目推介、产品展销、投资合作，扶持特色文化精品进入国际市场。加强对外文化贸易信息服务，充分发挥驻外使领馆文化处（组）、海外中国文化中心等的作用，协助特色文化企业了解和分析境外文化市场动态，拓展境外营销网络和渠道。

（五）建立完善交流合作机制

鼓励高等学校、科研院所、骨干企业与地方加强合作，促进资源整合和有效配置，发挥各自优势，带动地方特色文化产业发展。鼓励建立产学研合作联盟，加快建设以企业为主体、高等学校和科研院所为依托的创意设计和产品研发中心，引导创意创新要素向企业集聚。支持举办相关交流研讨活动，为拓展特色文化产业交流合作提供平台。

（六）加强组织实施

各级文化行政部门、财政部门要按照本意见要求，对本地文化资源进行充分的摸底调查，根据本地区实际情况，因地制宜，科学研究制定特色文化产业发展规划，研究制定鼓励本地特色文化产业发展的财政、金融、土地等多方面扶持政策。要主动加强与发展改革、民族、宗教、旅游、金融等部门的沟通协调，加强跨地区、跨部门协作，确保各项任务措施落到实处。强化文化市场监管和执法，创造良好市场环境。加强宣传，积极营造全社会支持特色文化产业发展的良好氛围。充分发挥各级各类文化产业协会（商会、学会）在信息服务、行业自律、人才培训、制定标准、国际交流等方面的重要作用。

文化部　财政部

2014 年 8 月 8 日

湖南省文化厅关于征集全省特色文化企业和特色文化产业项目的通知

各市州文（体）广新局：

为贯彻落实《文化部、财政部关于推动特色文化产业发展的指导意见》（文产发〔2014〕28号），培育一批具有示范性的特色文化企业，支持建设一批特色鲜明的文化产业项目，推动湖南文化产业特色化、差异化发展，拟在全省范围内开展特色文化企业和特色文化产业项目的征集工作。现将有关事项通知如下：

一 征集类别

依据文化部相关文件精神，特色文化产业项目是指依托各地独特的文化资源，通过创意转化、科技提升和市场运作，提供具有鲜明区域特点和民族特色的文化产品和服务，形成一定生产规模的项目；特色文化企业是指从事依托各地独特的文化资源，通过创意转化、科技提升和市场运作，提供具有鲜明区域特点和民族特色的文化产品和服务的企业。

重点支持领域：重点支持演艺娱乐、工艺美术、文化旅游、节庆会展、创意设计、文化创意和设计服务与相关产业融合等领域。

重点支持方向："一地一品"文化品牌项目；民族特色演艺娱乐服务及推广；民族工艺品创意设计及衍生品开发；具有地域特色和民族风情的文化旅游项目；特色文化街区（乡镇、村落）建设及特色文化旅游景点（线路）推广；民族特色节庆活动和文化会展；文化创意和设计服务与相关产业（建筑、园林、农业、体育、餐饮、服装、生活日用品等）融合的特色项目；特色文化产业人才的培训、引进和继续教育；特色文化产品营销渠道拓展和营销模式创新等。

二 入库条件

（一）特色文化企业

在湖南省内依法设立，具有独立法人资格，财务管理制度健全，会计信用和纳税信用良好，具有一定规模实力，成长性好的文化企业。

（二）特色文化产业项目

1. 项目符合国家法律、法规，体现国家文化产业发展及相关政策导向，具有鲜明的地方和民族文化特色，对文化产业发展具有显著的引导促进作用。

2. 项目内容原创性显著，文化内容充实，创意新颖，知识产权明晰，非文化类建设资金不超过项目总金额的30%。

3. 项目能产生较好的经济效益和社会效益，能够有效拉动就业，较大幅度提升区域影响力和品牌知名度。

三 征集方式

各地文（体）广新局负责征集本地区的特色文化企业和特色文化产业项目，对上报材料进行严格把关，初审后择优推荐，省厅将对各地推荐项目进行进一步筛选，选择优秀企业、项目分别列入全省特色文化企业名录库和全省特色文化产业项目库。对于入库企业（项目），将在招商引资、资金补助、政策扶持、跟踪服务等方面给予优先考虑。请各地于2016年3月1日前将《全省特色文化企业信息征集表》、《全省特色文化企业汇总表》、《全省特色文化产业项目信息征集表》、《全省特色文化产业项目汇总表》（见附件），加盖单位公章后连同电子文档报送省文化厅文化产业处。

四 工作要求

请各地文（体）广新局高度重视，安排专人负责，认真组织开展征集工作，并以此项工作为契机，掌握本地特色文化产业信息资源，扎实推进本地特色文化产业快速发展。

湖南省文化厅

2015 年 12 月 14 日

湖南省文化产业示范基地和园区管理办法

（湘文改字〔2015〕1号）

第一章　总则

第一条　为进一步培育壮大文化市场主体，鼓励文化企业做大做实做强，发挥先进文化企业的示范和辐射作用，提高文化产业规模化、集约化、专业化发展水平，引导和促进我省文化产业持续健康快速发展，增强我省文化产业综合实力和核心竞争力，制订本办法。

第二条　本办法所称文化产业基地是指从事出版发行服务、广播电影电视服务、文化艺术服务、文化信息传输服务、文化创意和设计服务、文化休闲娱乐服务、工艺美术品的生产及文化产品生产的辅助生产、文化用品的生产、文化专用设备的生产等符合国家统计局《文化及相关产业分类（2012）》标准的各类所有制文化企业。

第三条　本办法所称文化产业园区是指进行文化产业资源开发、文化企业和行业集聚及相关产业链汇聚，对区域文化及相关产业发展起示范、带动作用，发挥园区的经济、社会效益的特定区域。

第四条　示范基地和园区由省文化改革发展领导小组办公室联合省财政厅、省文化厅、省新闻出版广电局等省直有关部门依照公开、公平、公正的原则开展评选，原则上每两年评选一次，每次命名示范基地不超过10个，示范园区不超过2个。

第二章　申报与命名

第五条　申报示范基地应符合以下基本条件：

1. 坚持正确的舆论导向和经营方向，确保把社会效益放在首位，实现社会效益和经济效益相统一；符合国家和我省有关法律法规和产业政策；所生产的文化产品和所提供的文化服务内容健康向上；在内容、技术、模式、业态、体制机制创新等方面具有典型示范和引领作用，在全国或省级同行业中有较高的知名度。

2. 在湖南省内注册，具有独立法人资格且运营 2 年（含）以上；产权明晰，制度健全，管理规范，会计信用、纳税信用和银行信用良好；近 2 年内未受刑事处罚或行政处罚。

3. 主营业务属于《文化及相关产业分类（2012）》范畴，且主营业务收入占企业总营业收入的 60% 以上。

4. 在发展文化产业方面成效显著，最近 2 年连续盈利，且主营业务收入、税前利润、净资产、纳税总额（含减免税额）居同行业前列。

第六条　申报示范园区应符合以下基本条件：

1. 符合国家文化产业规划、我省国民经济总体规划和文化产业发展规划，在土地、消防、安全、节能、卫生等方面符合国家和我省相关规定和标准；园区内文化企业所生产的文化产品和提供的文化服务内容健康向上，产业特色鲜明，在全国和我省具有代表性和示范性。

2. 运营 2 年（含）以上，建设和运营管理单位是法人单位，有专门的管理机构和管理人员，各项制度健全，没有违法违规行为。

3. 主导产业突出，已经集聚的文化企业（单位）数量占园区内企业（单位）总数的 60% 以上，有一家以上在行业内具有引领示范作用的规模（限额）以上骨干文化企业；园区内文化产业产值、交易额等经济效益指标居于省内领先地位。

4. 基础设施完善，能够为文化企业发展提供必要的硬件条件，园区内非文化类商业及其他配套面积不得超过园区总建设面积的 20%；公共服务体系健全，能够为进入园区的企业提供企业孵化、融资中介、技术信息、交易展示等公共服务。

第七条　申报示范基地的单位需提交以下材料（一式三份）：

1. 基本情况：包括生产经营情况、企业中长期发展规划和发展战略、所处行业地位分析等。

2. 营业执照、组织机构代码证及税务登记证的复印件（加盖公章）。

3. 开户银行提供的资信证明。

4. 近 2 年经会计师事务所审计的年度财务报表。

5. 近 2 年获得的国家级和省级奖励、荣誉和扶持情况。

6. 申报单位认为需要提供的其他材料。

第八条 申报示范园区的单位需提交以下材料（一式三份）：

1. 基本情况：包括园区的生产经营情况如产业成果、科研成果、专利及获奖情况；园区的土地、城市规划和环境影响评价等审批文件；园区中长期发展规划和发展战略等。

2. 园区管理机构属企业性质的，需提交营业执照、税务登记证、近 2 年审计报告（含资产负债表、损益表、现金流量表以及报表附注和其他相关财务资料）；园区管理机构属政府派出机构（管委会）的，提交所在市（州）、县（市、区）政府的批文。

3. 已与园区签订入园协议的文化企业资料。

4. 申报单位认为需要提供的其他材料。

第九条 省管国有文化企业集团向省文化改革发展领导小组办公室申报；省直单位所属文化企业按照文化类、出版类、广播影视类分别报省文化厅和省新闻出版广电局；各市州文化企业和园区由各市州文化改革发展领导小组办公室牵头，联合文化广电新闻出版局等相关部门汇总后，按照文化类、出版类、广播影视类分别报省文化厅和省新闻出版广电局；省文化厅和省新闻出版广电局初评后报省文化改革发展领导小组办公室。

第十条 省文化改革发展领导小组办公室联合省财政厅、省文化厅、省新闻出版广电局组织专家评审，提出拟命名名单。征求省文化改革领导小组成员单位意见后，名单在指定媒体"红网"公示，公示期不少于 10 个工作日。公示无异议或异议不成立的，由省文化改革发展领导小组命名。

第三章 管理与服务

第十一条 示范基地和园区要定期分析年度产业发展情况，每年 3 月底前形成书面材料，按行业类别分别送省文化厅、省新闻出版广电局审核后，报省文化改革发展领导小组办公室。涉及示范基地和园区发展的重大事项应及时报告。

第十二条　省文化改革发展领导小组办公室联合省财政厅、省文化厅、省新闻出版广电局对示范基地和园区实行动态管理，采取现场考察、书面调查等多种方式不定期对示范基地和园区进行巡检评估。

第十三条　获评的示范基地和园区将优先获得以下支持：

1. 对获评省级文化产业示范园区的，给予一次性奖励 100 万元，对获评省级文化产业示范基地的，给予一次性奖励 50 万元，主要用于公共平台建设及宣传推广。经费列入当年省文化产业发展专项资金项目支持。

2. 申报国家文化产业示范基地和园区，从获评的省级文化产业示范基地和园区中推荐。

3. 支持省内金融机构、担保公司、产业投资基金等将省级文化产业示范基地和园区列为优先扶持对象，在融资贷款、担保服务、股权投资上给予优惠服务。

4. 支持示范基地和园区申报国家、省、市各类扶持计划、荣誉奖励和文化产业发展专项资金。

5. 支持示范基地和园区参加国家有关部门主办（支持）的各类文化产业展会、品牌建设和市场推介活动。

第十四条　示范基地和园区有下列行为之一的，撤销其称号：

1. 申报时提供虚假材料或采取其他手段骗取资格的。

2. 发布虚假文化产品信息，损害消费者利益的。

3. 所生产的文化产品和文化服务或企业行为对社会造成不良影响的。

4. 因经营管理不善连续两年严重亏损的。

5. 主营业务发生变更，在文化产业领域不再具备示范作用的。

6. 上述因 1—3 项撤销称号的，要追缴其示范基地和园区奖励资金。

7. 其他经省文化改革发展领导小组认定应当给予撤销称号的行为。

第四章 附则

第十五条 本办法由省文化改革发展领导小组办公室负责解释。

第十六条 本办法自发布之日起施行。2007 年 7 月 5 日发布的《湖南省文化产业示范基地评审管理暂行办法》同时废止。

湖南省文化改革发展领导小组

2015 年 10 月 16 日

湖南省财政厅 中共湖南省委宣传部关于印发《湖南省文化产业发展专项资金管理办法》的通知

（湘财文资〔2015〕5号）

省直相关单位，各市州财政局、市州委宣传部，各省直管县市财政局：

为加快建设文化强省，进一步规范和加强湖南省文化产业发展专项资金管理，提高资金使用效益，我们制定了《湖南省文化产业发展专项资金管理办法》，现予印发，请遵照执行。

附件：湖南省文化产业发展专项资金管理办法

湖南省财政厅 中共湖南省委宣传部

2015 年 7 月 22 日

附件

湖南省文化产业发展专项资金管理办法

第一章 总则

第一条 为支持我省文化产业发展，加快建设文化强省，充分发挥财政资金的导向和激励作用，提高资金使用效益，根据《中华人民共和国预算法》、财政部《文化产业发展专项资金管理暂行办法》（财文资〔2012〕4号）、《湖南省人民政府办公厅关于整合规范省级财政专项资金的意见》（湘政办发〔2012〕58号）等有关规定，制定本办法。

第二条 本办法所称湖南省文化产业发展专项资金（以下简称发展专项资金）是指省级财政预算安排，专项用于支持文化产业发展的资金。

第三条 发展专项资金的管理和使用应符合财政预算管理的有关规定，遵循公开、公平、公正和统筹兼顾、突出重点、讲求效益的原则，在省文化改革发展领导小组（以下简称领导小组）的领导下，由省委宣传部、省财政厅联合管理。

第四条　省委宣传部主要负责根据湖南省文化产业发展规划，会同省财政厅发布项目申报指南，组织项目申报、审核，监督检查项目实施情况；省财政厅主要负责资金管理，编制年度资金使用计划，会同省委宣传部发布项目申报指南，参与组织项目申报、审核，分配和拨付资金，并对资金使用情况进行追踪问效和监督检查。

第五条　发展专项资金实行制度办法、申报流程、评审结果、分配结果、绩效评价等全过程公开。

第二章　支持方向及申报条件

第六条　发展专项资金的支持方向：

（一）推进文化体制改革。对经营性文化事业单位转企改制后的发展项目予以支持。

（二）支持文化产业重点企业和重大项目。对省委、省政府确定的文化产业重大项目予以支持，对重点文化企业跨地区、跨行业、跨所有制联合兼并重组和股份制改造等重大事项予以支持。

（三）构建现代文化产业体系。对我省文化产业发展战略所确定的重点工程和项目、国家级重点基地平台建设、省级重点园区和基地、文化创意产业、精品人才培养等予以支持，并向优势文化产业、特色文化产业和新兴文化业态倾斜。

（四）促进金融资本和文化资源对接。发展专项金融资本投入文化产业，对文化企业利用银行、非银行金融机构等渠道融资发展予以支持；对文化企业上市融资、发行企业债券等活动予以支持。

（五）推进文化与科技融合发展。对文化企业开展高新技术研发与应用、技术装备升级改造、数字化建设、传播渠道建设、公共技术服务平台建设等予以支持。

（六）推动文化产业与相关产业融合发展。鼓励文化创意和设计服务与相关产业融合发展，鼓励文化产业项目与旅游、体育、休闲农业等相关产业融合发展。

（七）推动文化企业"走出去"。对文化企业扩大出口、开拓国际市场、境外投资等予以支持，对重大文化交流推介活动予以支持。

（八）支持小微文化企业创新发展。

（九）其他新兴文化产业类项目。

第七条 申报发展专项资金的单位须具备以下条件：

（一）在湖南省行政区域内依法登记注册设立的文化企业以及办理转企改制的经营性文化事业单位，从事行业在国家统计部门发布的《文化及相关产业的类别名称》之列。

（二）具有独立法人资格，财务管理制度健全，会计信用和纳税信用良好。

（三）注册资本 50 万元以上，成立时间两年以上，资产及经营状况良好，近两年资产负债率低于 60%（小微文化企业不在此限）。

第八条 申报发展专项资金的项目须具备以下条件：

（一）符合国家文化发展战略和我省文化产业发展规划。

（二）拥有可靠的技术来源、投资来源和成熟的技术方案，无知识产权纠纷。

（三）有较好的市场前景和良好的经济社会效益，应用项目具有推广、示范、带动效应。

第三章 支持方式及标准

第九条 发展专项资金主要采用项目补助、贷款贴息（费）、保费补贴、资本注入和基金投入等方式。同一项目原则上不重复安排发展专项资金支持，同一年度一个法人单位原则上只能申报一个项目。

第十条 支持标准：

（一）项目补助主要用于支持符合规定条件的文化产业项目建设。补助额度原则上不超过项目投资总额的 20%，对单个项目的年度补助原则上不超过 500 万元，特别重大项目年度补助原则上不超过 1000 万元。

（二）贷款贴息主要用于补贴符合规定条件的文化产业项目利用银行贷款实际发生的利息支出。对单个项目的年度贴息原则上不超过 500 万元。

（三）保费补贴主要用于补贴符合规定条件的文化企业在信用担保贷款及文化产品出口购买商业保险中实际发生的保费支出。对单个企业的年度补贴额度原则上不超过 50 万元。

（四）采用基金投入方式的，按照省人民政府或者省财政厅的有关规定执行。

第四章　项目的申报及审批

第十一条　每年 7 月底以前，省委宣传部会同省财政厅下发次年度项目申报通知，发布项目申报指南，申报通知将在省委宣传部、省财政厅门户网站及相关媒体同时公开。

第十二条　市州、县市区和省属项目按照申报指南的要求实行网上申报，纸质申报材料依据评审结果逐级上报。

（一）省管文化企业集团所属企业申报的项目，由省管文化企业集团进行初审、汇总后，行文报省委宣传部、省财政厅。

（二）省直部门所辖企业申报的项目由省直部门按照项目类别分别推荐到省文化厅、省新闻出版广电局，省文化厅或省新闻出版广电局对项目进行初审、汇总后，行文报省委宣传部、省财政厅。

（三）市州项目由市州宣传部门会同市州财政部门按照项目类别分别推荐到省文化厅、省新闻出版广电局，省文化厅或省新闻出版广电局对项目进行初审、汇总后，行文报省委宣传部、省财政厅。

（四）国家级、省级园区和被认定的省重点项目、省级公共服务平台项目以及省委省政府相关会议纪要确定支持的项目可向省委宣传部、省财政厅直接申报。

第十三条　项目申报单位须如实上报《湖南省文化产业发展专项资金项目申报书》一式两份，申报书材料包括：

（一）湖南省文化产业发展专项资金项目申报表。

（二）企业法人营业执照、组织机构代码证、地税及国税登记证、经审计的近两年财务报告及纳税证明复印件。

（三）申请项目补助的，需提供项目可行性研究报告以及相关合同等复印件。

（四）申请贷款贴息的，需提供利用贷款实施重点发展项目情况说明及银行贷款合同、贷款承诺书、付息凭证等复印件。

（五）申请保费补贴的，需提供信用担保合同、付费凭证等复印件。

（六）其他与项目相关的材料。

第十四条 项目申请人存在下列情况之一的，申报项目不予受理：

（一）申报项目存在重大法律纠纷的。

（二）未按规定报告以往年度发展专项资金使用情况的。

（三）受补助项目经绩效评价不合格未按要求整改的。

（四）项目配套资金未同时落实到位的。

（五）因违法行为被执法部门处罚未满2年的。

（六）财务制度不健全，会计核算不规范的。

（七）违反本办法规定，正在接受有关部门调查的。

第十五条 省直相关部门、省管文化企业集团、各市州宣传部门、财政部门负责项目推荐、初审，重点审核申请人是否具备申请资格、申报程序是否符合要求、申请项目是否属于指定范围、有关申报文件材料是否真实有效等。

第十六条 发展专项资金项目按以下程序进行审查及确定：

（一）省委宣传部会同省财政厅组建并及时调整文化产业项目评审专家库，委托第三方组织业内专家对申报项目进行专业和综合评审，提出评审意见。

（二）省委宣传部会同省财政厅根据项目评审意见，结合预算管理要求及发展专项资金规模，提出支持项目的建议方案。

（三）领导小组召开专题会议研究审核建议方案。

（四）省委宣传部、省财政厅将发展专项资金拟支持项目在省委宣传部、省财政厅门户网站公示5个工作日。

（五）公示结束后，按程序报批确定项目。

第五章 资金下达及监督检查

第十七条 省财政厅按照审批确定的项目资金分配方案及时下达

发展专项资金。对市县的发展专项资金，在省级人民代表大会批准预算后的 60 日内下达。

第十八条　资金使用单位应当按照"专款专用、单独核算、注重绩效"的原则，建立健全财务管理制度和内部控制制度，加强对发展专项资金的管理。因特殊情况确需调整的，必须按规定程序报批。

第十九条　省直相关部门、省管文化企业集团、各市州财政局应当按照相关制度办法，督促项目单位按进度实施项目建设，督促资金使用单位及时报告资金使用情况，并于每年 12 月 31 日前将有关材料汇总后报省财政厅、省委宣传部备案。

第二十条　省财政厅会同省委宣传部对发展专项资金的拨付使用情况及项目实施情况进行跟踪管理和监督检查，建立项目绩效评价与监督检查制度并组织开展绩效评价与监督检查工作，提出评价与处理意见，作为以后年度安排专项资金的重要依据。绩效评价与监督检查结果在省财政厅、省委宣传部门户网站公开。

第二十一条　发展专项资金使用单位必须严格遵守国家财政、财务相关法律法规，严肃财经纪律，自觉接受监察、财政、审计等部门的检查和社会监督。

第二十二条　任何单位和个人不得虚报、冒领、滞留、截留、挤占、挪用发展专项资金。一经查实，由省财政厅收回发展专项资金，单位 3 年内不得申报发展专项资金，并按照《财政违法行为处罚处分条例》（国务院令第 427 号）等相关法规进行处理；涉嫌犯罪的，依法移送司法机关处理。

第六章　附则

第二十三条　本办法自公布之日起施行，《湖南省财政厅、湖南省委宣传部关于印发〈湖南省文化产业引导资金管理办法〉的通知》（湘财文资〔2013〕2 号）同时废止。

湖南省财政厅办公室

2015 年 7 月 23 日印发

湖南省人民政府关于加快文化创意产业发展的意见

（湘政发〔2014〕23 号）

各市州、县市区人民政府，省政府各厅委、各直属机构：

为加快我省文化创意产业发展，根据《国务院关于推进文化创意和设计服务业与相关产业融合发展的若干意见》（国发〔2014〕10号）精神，现提出以下意见。

一　明确发展目标

牢牢把握社会主义先进文化前进方向，围绕建设文化强省的总体目标，按照加快转变经济发展方式和全面建成小康社会的总体要求，以创新驱动和转型发展为手段，以创新、融合、提升、开放为主线，突出文化创意环节的开发和拓展，突出数字技术、网络技术和软件技术等现代信息技术的支撑和应用，突出文化创意产业与其他产业的相互渗透和融合发展，努力营造文化创意和科技创新氛围，推动高端创意要素集聚，构建产业特色和品牌，完善产业服务体系，打造具有湖湘特色的文化创意产品生产、经营、服务、运作模式及系列创意产业群。力争到 2017 年，我省文化创意产业规模显著扩大，产业集群化、园区化和创新能力明显增强，产业链层次和行业盈利能力大幅提高，文化创意产业的支柱地位进一步巩固和提升，努力把湖南建设成为中部领先、辐射全国、具有一定国际影响的区域性文化创意中心。

二　突出发展重点

瞄准国际国内文化创意产业的发展潮流，围绕我省具有一定基础和特色的优势领域，着力发展文化软件、建筑设计、广告服务、专业设计等创意设计产业，促进文化创意与科技、旅游、休闲、生态、体育等产业融合发展，加快培育新型文化创意业态，优化提升数字媒体、数字出版、影视传媒、出版发行、演艺娱乐、工艺美术等产业，有序发展文博会展、绿色印刷、艺术品收藏及拍卖等产业，打造特色鲜明、竞争力强的文化创意产业体系。

三 引导产业集聚

加快建设一批文化创意产业创新、示范和孵化基地，打造一批主业突出、集聚效应明显的产业集聚区。充分发挥各部门职能，组织实施基础性、引导性重大工程和重点项目，增强产业整体素质。加大政策扶持力度，引导文化创意产业规范发展，依托现有各类文化、创意园区基地，加强公共技术、资源信息、投资融资、交易展示、人才培养、交流合作、知识产权、成果转化等服务体系建设。加大对创意园区基础设施（包括水、电、气、通信、非主干路等）、环境整治、产业服务平台和共性技术平台等公共设施投入力度。鼓励有条件的地区在现有园区内设立文化创意产业聚集区。推动实施文化科技融合创新工程，启动省级文化科技融合示范企业认定工作，建设一批省级文化科技融合示范基地。盘活存量房地资源，对通过收购或改造旧城区、废弃工业厂房、传统商业街等方式建设创意产业集聚区的，可优先纳入近期建设规划和年度实施计划。

四 培育壮大企业主体

推动优势文化创意企业实施跨地区、跨行业、跨所有制发展，打造行业龙头企业和跨界融合的产业集团。支持省属大型文化集团加快公司制、股份制改造，培育形成现代大型文化创意企业集团。鼓励非公有资本以独资、合资、合作、联营、参股、特许经营等方式进入法律和政策许可的文化创意产业领域。鼓励挖掘、保护、改造民间特色传统工艺，培育具有地方特色的文化创意企业，扶持民营小微文化创意企业和工作室发展。支持专业化的创意和设计企业向专、精、特、新方向发展。对引进的国内外著名文化创意企业总部（含地区总部），根据其净资产、投资额度、税收贡献等，给予一次性"以奖代补"资金支持。对文化创意产业领域湘籍领军人物回湘设立地区总部、成绩突出的给予一次性奖励。

五 鼓励创新创业

大力支持原创性文化创意研发，对经过认定的、拥有自主知识产权的原创性文化创意项目，通过贷款贴息、专项补助、配套资助等方式给予一定研发资助。文化创意企业开发新技术、新产品、新工艺发生的研发费用，按照税法及相关政策规定，在计算应纳税所得额时加计扣除。企业引进对原创性研究具有重要支撑作用的国际先进技术和关键设备，在进口资质和知识产权等方面给予支持，符合国家进口目录的，按规定享受相关进口关税优惠政策。对原创文化创意作品进行著作权登记予以一定资金补助。

建立完善的文化创意产业公共技术服务平台，重点推进服务外包对接、创新成果展示交易、创意设计资源共享、基础数据库、数据测试等平台建设。在文化创意产业领域，对新认定的国家企业技术中心、国家工程研究中心、国家工程实验室、国家工程技术研究中心和新认定设在企业的国家重点实验室，给予项目补助。

鼓励创意产业集聚区、创意设计企业、高等院校、科研机构及社会力量建设创意产业孵化器。完善园区创业孵化功能，加强创业孵化，通过创业辅导、资助启动资金、税收减免等方式，支持创意、创业人才开发文化创意产品。对入驻文化创意产业聚集区的小微型企业，给予其符合条件的人员提供公共租赁住房等政策支持。鼓励制造业、建筑业等行业的领军企业将创意设计环节分离，成立独立的创意设计企业。鼓励采取"专业园""园中园"等形式，为创意名人、青年文艺家、大学生和初创者提供创业平台。

六　加强人才队伍建设

鼓励创意企业、高等院校、科研机构共建人才培养基地，支持有条件的园区和企业设立博士后工作站。加强高校的艺术、设计、软件、传媒、表演等专业学科建设，着力培育创意、策划、管理等方面人才。将文化创意产业高层次人才引进纳入"百人计划"范畴，制定文化创意产业高层次专业人才认定标准，并按照有关规定享受相关优惠政策。鼓励企业海外引才、引智，对自带项目和团队来湘工作的创意创新领军人才、高级经营管理和研发人才，对入选"百人计划"的文化创意产业人才，按有关规定享受资助及保险、医疗、配偶安置、子女入学等特定工作条件和生活待遇。对在国际或国内文化创意知名企业有 3 年以上工作经历，且担任中、高层职务的管理人员和核心技术人员（团队）来湘创业，由省本级按照本人（团队）实际投资额（不含银行贷款）1：1 的比例给予创业资金扶持，最高不超过 500 万元。

七 强化要素保障

加大财政投入，增加省文化产业发展专项资金规模，加大对文化创意产业支持力度。创新政府性资金使用管理，采取贴息、补贴、奖励等多种方式，重点扶持文化创意示范园区、示范企业、示范项目和公共服务平台建设。

落实国家税收政策，将文化创意内容纳入文化产业支撑技术等领域，对经认定为高新技术企业的文化创意企业，减按 15% 的税率征收企业所得税。文化创意企业发生的职工教育经费支出，不超过工资薪金总额 8% 的部分，准予在计算应纳税所得额时扣除。企业发生的符合条件的创意和设计费用，执行税前加计扣除政策。对国家重点鼓励的文化创意产品出口实行营业税免税。落实营业税改增值税试点有关政策，对纳入增值税征收范围的国家重点鼓励的文化创意产品出口实行增值税"零税率"或免税，对国家重点鼓励的创意和设计产品出口实行增值税"零税率"。

加强金融服务，对经认定的省级重点文化创意产业项目，给予信贷优先支持。积极探索专利权、版权、收益权、商标权、销售合同等无形资产抵（质）押及其他权利抵（质）押贷款，建立知识产权质押融资的风险补偿分担机制。支持符合条件的文化创意企业上市，或通过发行短期融资券、中期票据、区域集优中小企业集合票据、企业债、集合债、公司债、中小企业私募债等工具进行融资，对发债费用予以补助或贴息。完善文化创意产业投融资担保体系，引导专业担保公司为文化创意企业融资提供担保服务。发挥省文化旅游产业投资基金、湖南高新创投集团等基金、公司股权投融资作用，采用阶段参股、跟进投资等方式，吸引国内外风险资本投向初创型文化创意企业。发挥联合利国文化产权交易所、湖南文化艺术品产权交易所的产权投融资作用。

保障产业用地，优先安排重大文化创意产业项目用地计划。新建或通过旧城改造建设文化创意产业的项目用地，享受省文化体制改革优惠政策。支持以划拨方式取得土地的单位利用存量房产、原有土地兴办文化创意产业，在符合城乡规划前提下土地用途和使用权人可暂不变更，连续经营一年以上，符合划拨用地目录的，可按划拨土地办理用地手续；不符合划拨用地目录的，可采取协议出让方式办理用地手续。

八　拓展市场需求

加强全民文化素质教育，推动转变消费观念，激发文化创意产品和服务消费。着力建设一批文化创意消费商区、娱乐街区、旅游景区、特色城区和网络社区，满足不同消费者需求。建立以需求为导向的文化创意产品采购机制，将我省企业自主创新的设计、公益性广告、文化软件等公共文化创意产品及服务纳入政府采购范围。

加强湖南文化创意产业走出去平台建设，推动湖南出版、影视、动漫、游戏、文艺等创意产品进入国际市场。对举办国家或国际知名艺术节、动漫游戏展、影视展、演艺展、出版发行、广告节、民族文化节会等给予补贴，对参展文化创意单位，适当给予展位费资助。鼓励企业与国外知名创意企业合作，建立海外经营实体和营销渠道。

九　优化发展环境

制定实施文化创意产业知识产权战略，加强知识产权运用和维护，开展重大人才引进和扶持项目知识产权分析评议。完善网络环境下的知识产权保护等相关政策。加强知识产权监督执法，加大对侵权行为的惩处力度，完善维权援助机制。鼓励文化创意企业在国外注册商标、申请专利并做好著作权备案（认证）工作。完善知识产权入股、分红等形式的激励机制和管理制度。活跃知识产权交易，促进知识产权的合理有效流通。鼓励企业、高等院校、科研机构成立战略联盟，引导创意和设计、科技创新要素向企业聚集，提升企业的知识产权综合能力，培育一批知识产权优势企业。加强知识产权舆论宣传，营造"尊重知识、崇尚创新、拒绝侵权盗版"的良好社会环境。

继续清理现有行政审批事项，进一步减少文化创意领域审批事项，确需保留的，要精简审批流程，严控审批时限，公开审批标准，提高审批效率。清理其他不合理收费，完善城乡规划、建筑设计收费制度，鼓励和推行优质优价。加强市场监管，营造文化创意产业公平竞争环境。

十　加强组织协调

要建立工作机制，加强地区间、部门间、行业间的协同联动，确保全省文化创意产业发展的各项任务措施落到实处。支持成立文化创意产业行业协会等中介机构，发挥文化领域各行业组织在服务企业、规范行业、发展产业方面的协调促进作用。省有关部门要根据本意见制订相关实施办法。统计部门要完善文化创意产业统计制度和指标体系，跟踪、监测和分析文化创意产业发展情况。省发改委、省文化改革发展领导小组办公室会同有关部门对本意见的落实情况进行监督检查，并向省人民政府报告。

湖南省人民政府

2014 年 7 月 17 日

湖南省文化厅"十三五"时期文化发展规划

"十三五"时期，是全面建成小康社会的决胜阶段，是全面深化改革的攻坚期，是全面推进依法治省的关键期，是全面推动文化繁荣的机遇期。湖南省文化厅坚持战略思维，坚持目标引领，坚持问题导向，根据党和国家文化发展方针政策及省委省政府的文化强省战略，制定了未来五年文化改革发展思路、目标任务和重大项目。

一 指导思想、方针原则和发展目标

(一) 指导思想

高举中国特色社会主义伟大旗帜，以马克思列宁主义、毛泽东思想、邓小平理论、"三个代表"重要思想和科学发展观为指导，深入贯彻习近平总书记系列重要讲话精神，按照"四个全面"的总体方略，坚持文化自信，以新的发展理念引领文化建设，在创新发展中激发文化创新活力，在协调发展中推动文化均衡发展，在绿色发展中充分发挥文化的重要作用，在开放发展中提高文化竞争力和影响力，在共享发展中保障文化民生，争取为谱写中国梦的湖南篇章提供有力的思想保证、精神动力、舆论支持和文化条件。

(二) 方针原则

——坚持以人为本。坚持以人民为中心的工作导向，建立健全群众文化需求征集、评价和反馈机制，持续加大文化惠民工程的实施力度，不断提高公共文化产品的供给和服务能力，以文化服务的繁荣发展提升人民群众的幸福指数。

——坚持深化改革。在转变职能基础上提高文化宏观管理能力，创新文化管理体制；在坚持导向基础上创新文艺创作生产传播评价机制；在标准均等基础上加快建立现代公共文化服务体系；在体系建设基础上完善文化遗产保护传承机制；在融合发展基础上增强文化市场主体竞争力；在简政放权基础上建立健全现代文化市场体系；在统筹各种资源基础上提高文化"走出去"水平。

——坚持法治引领。把深化文化法治建设与推动文化改革发展紧密结合起来，努力建设符合社会主义先进文化前进方向、遵循文化发展规律、有利于激发文化创造活力、保障人民基本文化权益的文化法律规章制度和规范公正文明的文化行政执法体系，在法治轨道上提高文化治理能力现代化水平。

——坚持开放创新。探索建立文化多元投入机制，推动公共文化服务社会化发展；推动文化和科技融合，推动文化创意与设计业、制造业、旅游业、农业等重点领域融合发展，运用"互联网＋"思维推动文化共享惠民、文化展示传播、文化营销推广；培育多层次文化产品和要素市场，鼓励金融资本、社会资本、文化资源相结合，提升文化软实力，扩大社会影响力，实现文化的跨越式发展。

（三）发展目标

——以提高国民素质和文明程度为着力点，促进人的全面发展。把中国梦和社会主义核心价值观贯穿文化工作的各方面和全过程，在精神文明建设活动、文化产品生产传播、文化服务提供和各类文化活动的开展中，坚持正确的价值导向，使人们在文化消费、文化体验中感受爱国主义、传递民族精神、把握时代精神，为全面建成小康社会提供强大的价值引导力、文化凝聚力和精神推动力。

——以加强艺术精品创作生产为着力点，繁荣发展社会主义文艺。深入贯彻习近平总书记在文艺工作座谈会上的重要讲话精神，落实中央关于繁荣社会主义文艺的意见，坚持以人民为中心的创作导向，以中国精神为灵魂，以中国梦为时代主题，以中华优秀传统文化为根脉，以创新为动力，以创作生产优秀作品为中心环节，深入生活，扎根人民，推出更多无愧于民族、无愧于时代的文艺精品，凝聚共识，汇聚力量。

——以公共文化服务标准化均等化为着力点，基本建成现代公共文化服务体系。加强基本公共文化服务标准化、均等化建设，重点是补齐短板，兜好底线；引导文化资源向基层、农村和老少边穷地区倾斜，着力解决贫困地区公共文化服务体系建设问题，完善公共文化设施网络，加大文化惠民力度，推进基本公共文化服务均等化进程，丰富服务内容，提高服务水平；创新公共文化服务方式，通过政府购买、社会资助、项目运营等形式推动公共文化服务社会化专业化发展，提升服务效能；建立群众评价和反馈机制，促进公共文化服务供需有效对接，打造公共文化服务升级版。

——以推进传统文化创造性转化发展为着力点，构建优秀传统文化传承体系。加强文物保护，继续推进一系列重大文物保护工程；提升非物质文化遗产保护水平，加强非物质文化数字保护和利用设施建设；振兴传统工艺，实施传统工艺扶持计划和古籍保护计划；将传承弘扬优秀传统文化融入国民教育、民间传承、文艺创作、产业发展等各个方面，赋予新意，创新形式，发挥好其在提高国家文化软实力、培育国民经济新的增长点、推动经济社会协调发展中的作用。

——以引导文化产业优化升级为着力点，培育形成新的增长点、增长极、增长带。通过重点行业带动和有力政策推动，促进文化产业优化结构布局、增强创新能力、提高质量效益；重点培育骨干文化企业和创意文化产业，改造提升演艺、会展、工艺美术等传统产业，加快发展动漫、游戏、数字娱乐等新型文化业态，推动文化产业优化升级；促进文化与科技双向深度融合，发展"互联网＋文化产业"；营造良好文化消费环境，培育城乡居民文化消费习惯，增加文化产品有效供给，提升服务水平和质量，不断扩大文化消费规模。

——以优化市场健康发展环境为着力点，健全现代文化市场体系。建立统一开放、竞争有序、诚信守法、监管有力的现代文化市场体系；深化行政审批改革，简政放权、放管结合、优化服务，健全以内容监管为重点、以信用监管为核心、覆盖文化市场事前事中事后的全过程全领域的监管体系；建立公平保障机制，打破地域分割、所有制壁垒，充分发挥市场在文化资源配置中的基础性作用，促进人才、资金、科研成果等要素合理流动。

——以开创文化开放新格局为着力点，推动湖湘文化影响力持续扩大。加大对外文化工作创新力度，推动对外文化工作理念创新、思路创新、体制机制创新，创新对外传播、文化交流、文化贸易方式，把对外文化工作提高到新水平；加强与"一带一路"沿线国家的文化交流与合作，推动形成深度融合的互利合作格局；加快对外文化贸易优化升级，打造湖湘文化品牌，展示湖南崭新形象。

二 营造良好创作环境，引领湖南文艺全面繁荣发展

始终坚持以人民为中心的创作导向，坚持思想精深与艺术精湛相结合、创作生产与群众需求相结合、传承发展与创新普及相结合、政府主导与社会参与相结合、多出精品与多推人才相结合，不断激发文艺繁荣发展的生机与活力。

1. 完善文艺创作机制。加强对全省院团的艺术创作总体布局；继续开展"深入生活、扎根人民"主题实践活动及"名师传艺"工程；进一步完善重大题材、精品剧目创作招标制度，舞台艺术多元投入机制，剧目生产专家论证制度，精品剧目生产奖励扶持制度；丰富全省剧本创作题材库、重点剧目题材储备库和剧本交流中心库。

2. 振兴湖南地方戏曲。贯彻落实《关于支持戏曲传承发展的若干政策》（国办发〔2015〕52号）和《关于支持戏曲传承发展的意见》（湘政办发〔2016〕24号），全面振兴湘剧、花鼓戏、祁剧、汉剧等19个地方剧种；分年度委托戏曲院校开展全省地方戏曲编剧、导演、作曲、舞美人才培训班，每年资助2—5个地方戏曲剧种人才培训班；对全省地方戏创作演出重点院团的表演及创作人才进行培训，对各类特色鲜明、重点突出的地方戏曲人才培训项目进行资助；对全省地方戏创作演出重点院团赴境外演出和艺术交流活动实行补贴；支持各地对本地最具代表性地方戏曲剧种的史料进行抢救、保存；举办有影响的地方戏曲展演及表彰活动。

3. 繁荣文艺精品创作。实施重点题材创作计划，突出"中国梦"题材、地方特色题材、爱国主义和革命历史题材、现实生活题材和少数民族题材五大重点题材创作；围绕国家艺术基金申报、文华奖、"五个一工程"奖、中国艺术节、湖南艺术节等平台，加强对精品剧目的培育、创新和扶植，挖掘湖南资源，讲好湖南文化故事，推出湖南文化精品。

4. 打造文艺活动品牌。坚持办好三年一届的湖南艺术节，每年轮流举办全省青年演员折子戏比赛、新创小戏比赛，专业声乐、器乐、舞蹈、曲艺等艺术活动，鼓励支持各市州举办艺术活动，带动我省艺术创作生产整体水平不断提升。

专栏一　　　　　重大文艺活动品牌与重要文艺奖项主要指标

重大文化活动品牌	湖南艺术节
	"怀素杯"全国书法双年展
	全省青年演员折子戏比赛
重要文艺奖项指标	力争每届艺术节推出 30 台以上新创剧目、30 个以上新创小戏
	力争实现每年有 3—5 个精品剧目入选国家艺术基金资助项目
	力争 5 年间推出 15—20 个重点剧目可供加工打磨
	力争 2—4 个剧目进入国家级大奖行列
	力争 2—3 人获得梅花奖或文华奖单项奖

三　加大政府财政投入，推动公共文化设施提质升级

继续加大政府对公共文化设施建设的投入，多渠道筹集资金，改善文化设施投资环境，加大管理和利用力度，到 2020 年，基本建成以省级文化设施为龙头，市州文化设施为骨干，县、乡镇（街道）、村（社区）基层文化设施为基础，布局合理、设施完善、功能健全、和谐发展的公共文化设施体系。

1. 推进省级重点公共文化设施建设。重点建设一批能体现湖南特色的省级标志性文化设施，主要包括：湖南省博物馆陈列布展及精装建设、湖南图书馆新馆建设、湖南艺术职业学院新校区建设、省演艺集团场馆（含湖南文化广场二期建设项目和省歌舞剧院搬迁梅溪湖项目）建设。

2. 推进市州级公共文化设施建设。主要包括：新建长沙戏剧艺术中心，改扩建长沙美术馆和湘剧保护传承中心；推进株洲市图书馆、市群艺馆改扩建工程和博物馆（含市美术馆）、市戏剧传承中心搬迁改造工程；完成湘潭市图书馆新馆、湘潭大剧院建设，新建齐白石美

术馆；新建岳阳市洞庭湖博物馆、岳阳市巴陵戏传承展演中心，推进岳阳市美术馆新馆展厅建设，改扩建岳阳市少年儿童图书馆；新建常德市美术馆，完成市图书馆各功能区划建设；新建衡阳市博物馆；新建湘西州博物馆、州艺术中心和武陵山民族文化园；新建益阳市图书馆新馆、群艺馆新馆；新建永州市文化艺术中心、永州市民俗博物馆；完成张家界市图书馆、博物馆建设，新建市文化馆、美术馆、剧院、武陵山博物馆；推进邵阳市文化艺术中心建设，完成市博物馆陈列设计及布展；推动娄底市博物馆、文化馆陈列设计；新建怀化市艺术馆、博物馆、美术馆、影视中心；新建郴州市博物馆、市群众艺术馆、湖南昆剧团五岭歌舞剧场，改扩建市图书馆。

3. 推动县级公共文化设施提质改造。参照国家规划及标准，对全省未达标的县级公共图书馆和县级文化馆进行新建和改扩建；结合各县（市）文物资源条件、建设规划，统筹推进县域特色博物馆新建工程；支持县级戏曲艺术和具有地方特色的国有文艺院团试点建设一批综合性排练场所；鼓励有条件的县级文化馆综合设置戏曲排练演出场所，推动为县级国有文艺院团建设小型综合排演场所，通过多种渠道为艺术表演团体免费或低价提供排练演出场所，逐步实现一县一剧场。

4. 推进基层综合性文化服务中心建设。贯彻落实《国务院办公厅关于推进基层综合性文化服务中心建设的指导意见》（国办发〔2015〕74 号）和《湖南省人民政府办公厅关于推进基层综合性文化服务中心建设的实施意见》（湘政办发〔2016〕48 号）精神，制定基层综合性文化服务中心建设标准，加大资源整合力度，主要采取盘活存量、调整置换、集中利用等方式，按照人口规模和服务半径在乡镇（街道）和村（社区）统筹建设一批选址适中，与地域条件相协调，集宣传文化、党员教育、科技普及、普法教育、体育健身等功能于一体的基层综合性文化服务中心，配套建设文体广场并配备阅报栏（屏）、灯光音响设备、广播器材和体育健身设施等。

专栏二	公共文化设施建设主要指标
省级重点公共文化设施	省博物馆陈列布展及精装建设工程
	湖南省文化艺术中心建设工程
	湖南艺术职业学院新校区建设工程
	省演艺集团场馆（含湖南文化广场二期建设项目和省歌舞剧院搬迁梅溪湖项目）建设项目
市州重点公共文化设施	推进各市州级文化馆（群艺馆）、图书馆、博物馆、剧场（影剧院）和文化广场等基本公共文化设施建设
县级基础公共文化设施	对未达到国家相关建设标准的县（市）级县级图书馆、文化馆、博物馆、美术馆、剧场进行提质改造
基层综合性文化服务中心	推进基层综合文化站（中心）建设，建筑面积不少于300平方米，站（中心）内设立图书阅览室、教育培训室、管理和辅助用室、多功能活动厅
	结合基层公共服务综合设施建设，整合闲置中小学校等资源，统筹建设村（社区）综合文化服务中心，设有1间多功能文化活动室、1间图书阅览室（可与农家书屋整合）、1个文化广场、1个宣传栏、1套文化器材、1套广播器材、1套体育设施器材
流动文化设施设备建设	为县级公共文化机构配备流动文化服务车；重点加强农村集市流动服务点建设，配备新型集成化、便携式、多功能的流动文化服务设备，逐步实现流动文化服务常态化

四　推进标准化均等化，构建现代公共文化服务体系

以贯彻落实《关于加快构建现代公共文化服务体系的实施意见》（湘办发〔2015〕39 号）为抓手，坚持政府主导、社会参与、重心下移、共建共享，稳步提高基本公共文化服务标准化、均等化水平，与我省全面建成小康社会的进程同步，构建覆盖城乡、便捷高效、保基本、促公平的现代公共文化服务体系。

1. 落实公共文化服务实施标准。以县为基本单位全面落实《湖南省基本公共文化服务实施标准（2015—2020 年）》（湘办发〔2015〕39 号文件附件），制定县域基本公共文化服务项目供给目录，

围绕文艺演出、文体活动、展览展示、读书看报、广播电视、电影放映等方面，设置具体服务项目，明确服务种类、内容、数量要求，完善考核方式，提升服务质量和效率。到 2020 年，基本公共文化服务内容各项指标达到国家指导标准和我省实施标准要求。

2. 创新公共文化服务机制。贯彻落实《关于做好政府向社会力量购买公共文化服务工作的实施意见》（湘政办发〔2016〕6 号），建立健全政府向社会力量购买公共文化服务的工作机制，鼓励社会力量、社会资本参与公共文化服务；建立健全群众文化需求征集、评价和反馈机制；积极培育文化非营利组织；推进事业单位法人治理结构试点工作；构建参与广泛、内容丰富、形式多样、机制健全的文化志愿服务体系，探索具有湖南特色的文化志愿服务模式。

3. 完善数字文化服务体系。利用文化信息资源共享工程、公共电子阅览室建设计划和数字图书馆推广工程，构建公共数字文化综合服务平台，实现基层公共数字文化服务的综合管理和"一站式"提供，打通公共文化服务"最后一公里"；启动数字文化馆、智慧博物馆、特色文化资源库建设，提升数字文化资源的传播服务效率，为公共文化服务体系建设提供数字化支撑。

4. 搭建群众文化活动平台。深入开展"欢乐潇湘"大型群众文化活动，形成全省性公共文化活动示范效应，引导群众在文化建设中自我表现、自我教育、自我服务；继续抓好全国性"群星奖"、老年合唱节、少儿合唱节等群众文化汇演活动，组织创作群众文化精品力作；推进"湖南省民间文化艺术之乡"创建，扶持和发展一批具有广泛群众基础的传统艺术项目，打造有影响力的传统文化活动；贯彻落实国务院四部门《关于引导广场舞活动健康开展的通知》（文公共发〔2015〕15 号）要求，培育一批具有导向性、示范性的广场舞品牌活动；鼓励支持市州打造群众文化活动品牌，实现城乡群众文化活动健康、文明、有序开展。

5. 深入开展文化惠民活动。组织各级各类文艺院团和社会组织继续推进"雅韵三湘·高雅艺术普及推广计划"，深入开展"送戏曲进万村，送书画进万家"活动，有效丰富群众文化生活。

6. 切实开展文化精准扶贫。贯彻落实七部委《"十三五"时期贫困地区公共文化服务体系建设规划纲要》（文公共发〔2015〕24 号）和我省七厅局联合印发的《"十三五"时期湖南贫困地区公共文化服务体系建设规划纲要》（湘文公共〔2016〕62 号），对我省集中连片特困地区及国家扶贫开发重点县在公共文化服务标准化、均等化、数字化、社会化建设等方面采取有效措施，力争到 2020 年，贫困地区基本公共文化服务主要指标接近全省平均水平，文化在提高贫困地区群众科学文化素质、促进当地经济社会全面发展方面发挥更大作用。

专栏三	公共文化服务体系建设主要指标
文化资源数字化建设	省公共电子阅览室信息管理平台实现推广应用，推进公共文化数字服务"进村入户"
	公共数字图书馆数字资源量省级达到 100TB，市级达到 25TB，县级达到 3TB
	数字图书馆项目：建设统一认证、检索、管理、发布、安全、手机服务的图书信息管理系统，实现平台咨询、移动电子图书服务
	数字博物馆项目：推动博物馆藏品资源数字化、陈列展览数字化、教育服务数字化
	数字文化馆项目：整合全省文化（群艺）馆资源，完善文化馆线上、线下建设服务，完善全省群文工作配送，统筹全省群文工作
公共文化服务效能提升	公共图书馆总分馆体系建设
	文化馆总分馆体系建设
	县级公共图书馆人均藏书量不少于 0.6 册，年新增藏书量不少于 5000 册，年开展流动图书服务不少于 12 次
	公共图书馆、文化馆（站）、公共博物馆（非文物建筑及遗址类）等公共文化设施免费开放，每周开放时间不少于 42 小时、每年开放时间不少于 300 天，基本服务项目健全

续表

群众文化活动品牌	"欢乐潇湘"大型群众文化活动
	"群星奖"群众文化汇演活动
	湖南省民间文化艺术之乡创建
	文化志愿服务活动项目
	市州群众文化活动品牌
文化惠民活动	每年积极参与"雅韵三湘"高雅艺术普及推广计划
	每年开展"送戏曲进万村，送书画进万家"活动，完成"演艺惠民、送戏下乡"10000 场演出，名家作品进百姓家里

五　加大保护传承力度，大力弘扬中华优秀传统文化

以夯实基础、构建体系、增强能力为着力点，形成以政府主导、社会参与的保护机制，加快文化遗产的保护传承体系建设，构建具有湖湘特色的优秀文化传承体系，切实做到"让文化遗产活起来"。

1. 推进博物馆纪念馆免费开放。坚持提升博物馆纪念馆的展陈水平和服务质量；未能完全免费开放的公共博物馆，健全灵活多样的特定时段或特定人群免费开放制度；建立健全博物馆免费开放经费保障机制，落实免费开放补助资金中地方各级财政需负担的部分；开展博物馆免费开放绩效评估和考核；推动博物馆、纪念馆以各种形式参与学校、农村、社区、企业、军营文化建设。

2. 推进革命文物保护展示体系建设。到 2020 年，完成 1—7 批所有革命文物类全国重点文物保护单位保护规划保护工程编报批工作，并重点实施其中一批文物单位的本体修缮工程、展示利用工程与环境整治工程；推动 1—7 批所有革命文物类全国重点文物保护单位均对公众开放；展示和建设一批以革命文物为核心的红色景区；对湖南地区近现代所涉文物实现全面整合保护、全程全景展现，为社会主义核心价值体系构建贡献革命文物资源与文物主管部门的力量。

3. 推进文物安全工程体系建设。积极推动全省文物行政执法队伍建设，完善文物行政执法工作，加强田野文物安全防范体系建设；推进文物、博物馆风险等级单位技防达标工作，完善文物保护单位、博

物馆的消防设施和避雷设施，坚决打击盗掘、走私等文物犯罪活动。

4. 推进文化遗产设施基础建设。继续做好通道、绥宁侗族村寨，凤凰区域性防御体系，益阳、岳阳的万里茶道申遗工作；全面完成1—9批省级文物保护单位"四有"工作；跟进我省非遗博物馆、专题博物馆、展示中心、传习馆所等基础设施建设工作；支持指导市州、县（市、区）做好考古遗址公园、历史文化街区、伟人故居、文化遗产博览园等项目建设。

5. 完善非遗四级名录体系及保护机制。建立健全保护机制和监督检查机制、非遗项目价值评估体系和省级名录、代表性传承人动态管理机制；探索省级非遗名录项目分类保护的规范标准、保护细则。

6. 广泛开展非遗宣传工作。利用民俗节庆活动，开展非遗展览、演出、讲座、论坛等活动；推动非遗进校园、进市场、进演出，在大中小学开展非遗相关知识的教育，开展创建"非遗"传承学校和"非遗"实践基地评选活动；推动非遗项目参与国际交流与合作；推动非遗普查成果和保护成果出版工作。

7. 加快非遗信息化建设。推进国家级项目数字化采集试点工作；推动省级项目数字化采集工作；制定和完善全省统一的数字化保护工程的标准体系；探索建立14个市州级非物质文化遗产数字化资源库；推进建设非物质文化遗产项目库（包含名录库、传承人库等）、专题数据库（包含文化生态保护区库、数字化抢救专题数据库等）、研究资料库、管理工作库、公众数据库等，形成非遗保护的数据库群。

8. 实施湖湘传统手工艺振兴计划。重点针对传统手工艺为主的非遗传承人群，组织传承人到院校或企业研修研习，推动交流与互鉴；鼓励和推动设计企业、高校等到传统手工艺项目所在地设立工作站；鼓励扶持企业和高校申请设立重点实验室；鼓励传统手工艺品拓展销售渠道，支持历史传统文化街区、文化生态保护试验区、旅游景区设立传统手工艺品展销基地。

9. 实施中华典籍整理工程。加强对古籍的普查、修复、保存、宣传和利用；推进全省古籍普查登记工作，全面实施"中华古籍保护计划"、"民国时期文献保护计划",做好少数民族古籍保护、抢救、整理、出版和研究工作;出版《湖南简牍集成》大型图书。

10. 围绕国家"一带一路"战略部署,开展考古发掘、文化遗产保护展示国际合作。充分发挥我省考古发掘、文物展览等方面的优势,在湖南与孟加拉国考古合作已经取得重大成绩的基础上,进一步加强与孟加拉国、斯里兰卡、印度、巴基斯坦等南亚国家在考古发掘、文化遗产保护和展示等方面的合作,争取在沿线国家设立"湖南文化中心"。

专栏四	文化遗产保护利用主要指标
文物项目	文化遗产园区建设:完善和提升龙山里耶古城、永顺老司城、长沙铜官窑、澧县城头山等国家重要大遗址与考古遗址公园的保护、展示、利用、管理的水平;重点推进长沙汉王陵、宁乡炭河里等国家重要大遗址与考古遗址公园和秋收起义、湘鄂川黔革命旧址、汨罗屈子文化园等纪念园区的保护和建设;积极推进宁远舜庙遗址、益阳兔子山遗址、长沙马王堆汉墓等古遗址申报国家重要大遗址保护和国家考古遗址公园项目
	传统村落保护:重点完成全省28个国保省保集中连片传统村落整体保护利用
	申遗工作:继续做好通道、绥宁侗族村寨,凤凰区域性防御体系,益阳、岳阳的万里茶道申遗基础工作,争取纳入国家申遗重点项目
	湖南文物资源数字化平台:推动全省博物馆馆藏文物数字化、智慧博物馆和掌上博物馆建设;推动全省4000多处不可移动文物保护单位和考古发掘成果资源数字化
非遗项目	省级文化生态保护试验区设立和建设:在全省范围内选择非遗代表性项目集中、特色鲜明、形式和内涵保持完整的特定区域为"省级文化生态保护试验区",实行区域性整体保护
	"神奇湖南"掌上展示馆项目:将我省十大类非遗项目资源数字化,开辟传承人专栏专区展示传习、手工技艺类非遗产品展销等专栏
	推进武陵山片区民间文化传承与发展协同创新中心建设

续表

文物项目	推进各地非遗博物馆、专题博物馆、展示中心、传习馆所等基础设施建设
	支持推广民俗节庆活动：支持以花垣县"赶秋节"、安仁县"赶分社"、凤凰县苗族四月八"跳花节"、凤凰县苗族银饰服饰文化节、吉首鼓文化节、泸溪县浦市"中元节"、通道县"中国侗族大戊梁歌会"、城步县六月六"山歌节"、绥宁县四月八"姑娘节"、岳阳（汨罗）世界非物质文化遗产"端午节"系列活动等为代表的民族传统节庆活动的举办

六　加强分类规划指导，推动文化产业全面转型升级

以落实政策和重大项目、搭建服务平台扶持小微企业和特色文化产业为重点，不断提升文化创意水平，催生和扶持新型文化业态，推动文化与金融、科技、旅游的融合力度不断加大，逐步提高对国民经济增长的贡献率。

1. 优化产业布局。推动形成优势互补、错位发展、区域联动的产业发展格局：以"长株潭"地区为文化产业核心增长极，重点发展传媒出版、动漫游戏、影视制作、创意研发等产业，打造全国文化产业高地，增强产业辐射能力；大湘西地区主要依托民族民俗文化等资源，重点发展文化旅游、创意设计、非遗传承、工艺美术等文化业态；大湘南地区加快推动文化产业与装备制造业、出口加工、对外贸易、现代服务业等相关领域融合发展，重点发展文化旅游、文化休闲等产业；环洞庭湖地区强化以生态文化、休闲文化、创意文化为特色的文化产业发展方向，重点发展生态经济、休闲农业、观光体验等产业形态。

2. 加强分类指导。演艺业：鼓励和引导文化企业融合市场资源，走连锁经营道路，推动行业提档升级；积极推进长株潭三市演艺资源共享和演出票务合作体系建设；支持省演艺集团做大做强。动漫游戏业：大力发展原创漫画、影视动画、网络动漫、手机动漫、动漫舞台剧演出和动漫软件制作等动漫游戏产业，延伸产业链条，拓展传播方式，推进传统动漫产业升级；依托国家投入的中国（湖南）动漫公共

技术服务平台和中国（湖南）手机动漫公共技术服务平台的技术优势，降低动漫制作生产成本，吸引更多动漫企业和团队回湘创业；支持组建湖南动漫集团；推动长沙（国际）动漫游戏展成为全国知名动漫展会品牌。娱乐业：加大科技融合力度，推动传统娱乐业向现代娱乐业转型升级；进一步提高娱乐市场细分程度，引进和发展先进的经营形式和娱乐场所，建设满足不同消费需求的现代娱乐市场体系。创意设计业：促进文化创意设计服务与相关产业的融合发展，提高产业附加值；支持成立湖南创意设计联盟或协会性质的专业机构。艺术品业：扶持一批能带动行业发展的龙头企业、重点项目和品牌产品；推动春秋两季湖南文物博览会和中国收藏产业博览会成为全国文化产业会展业的重点品牌；加强艺术品市场的法制建设，健全艺术品经纪人制度，规范艺术品交易行为，培育和支持文化艺术产权交易机构发展。文化旅游业：加强文化与旅游产业的有机融合，以文化提升旅游的内涵，以旅游扩大文化的传播；推动特色文化产业和旅游的深度融合，引导各地根据实际情况寻求差异化发展，实现"一地一品"；支持大湘西乡村文化旅游开发力度。网络文化业：引导网吧向规模化、连锁化、专业化和品牌化方向发展；提升上网服务行业经营效益和整体水平。艺术培训业：规范社会艺术教育培训行为，形成规模化、专业化、企业化、社会化的艺术教育培训体系；培育艺术培训业龙头企业和重点品牌，打造高端艺术教育连锁经营品牌。会展业：加强会展软件硬件建设，支持长沙会展中心新址建设；提高会展业市场化运作水平，促进与文化旅游及商贸的合作，做大做强一批有影响力的节庆会展品牌。工艺美术业：加强收藏、鉴赏专业人才队伍建设，发展艺术品民间收藏市场；支持打造省级工艺美术专业展会。数字文化业：抢抓"三网融合"试点的重大机遇，探索建立互动增值业务模式；开发以电子商务为重点的媒体零售产业，与海量用户端对接的互动产业，与移动新媒体捆绑的数字传播行业等，培育一批具有国际竞争力的数字文化企业。

3. 加强基础工作服务。完善湖南文化产业统计体系，建立健全湖南重点文化产业项目库、重点文化企业库、重点文化产业领军人才库、文化产业人才需求信息库等数据库动态管理机制；完善文化市场要素建设与监管，重点培育文化人才市场、金融市场、产权市场和版权交易市场，完善文化企业组建集团和上市融资的扶持措施；为文化企业在项目发布、融资等方面提供基础服务。

4. 推动产业转型升级。加快文化产业发展方式转变，积极推进文化与科技、旅游、金融、体育、制造业和农业等融合发展，推进文化创意和设计服务与相关产业融合发展；加快提升文化产业科技水平，大力支持文化企业自主创新和技术进步；推动文化产业与移动互联网对接，推进文化产业与物联网、移动互联网、云计算、大数据等的融合创新，再造文化产品的生产流程、服务方式、盈利模式和业态形态。

5. 深入推进园区建设。推动国家级文化和科技融合示范基地建设；加快长沙天心文化产业园、湘台文化创意产业园，潇湘文化创意产业园、华凯创意国家文化产业示范基地等重点园区（基地）建设；指导各市州一批重点文化产业园区（基地）建设，引导文化产业园区突出主导产业和主体功能，避免同质化竞争。

6. 特色文化产业发展工程：贯彻落实《湖南省文化产业示范基地和园区基地管理办法》（湘文改字〔2015〕1 号），支持规划实施一批特色文化产业项目，支持建设一批特色文化产业园区基地，培育特色文化企业、产业和品牌。

7. 实施促进文化消费计划：引导创建国家文化消费试点城市，总结评估试点情况，研究提出扩大文化消费的政策措施，引导文化企业扩大文化产品和服务的有效供给，逐步建立促进文化消费的长效机制，形成可复制、可推广的经验模式。

专栏五	文化产业发展主要指标
文化产业发展目标	推动实现全省文化产业增加值保持年均 15% 以上的增速
	重点扶持 1—2 个小微文化企业创新创意基地
	着力培育 2 家以上文化企业集团
	力争 5 家以上文化企业上市融资

续表

文化产业 发展目标	逐步形成2—3个湖湘特色鲜明、产业布局合理、创新能力明显的湖南特色文化产业集群
	形成一批特色文化产业区县和乡镇
	全省重点文化产业项目库、特色文化产业项目库、特色文化企业名录库动态管理和跟踪服务效果良好
	加快提升演艺娱乐、文化旅游、广告会展、文化艺术等传统文化产业，重点培育和发展创意设计、动漫游戏、移动多媒体等新兴文化产业
	办好湖南文博创意产品博览会、湖南（国际）收藏产业博览会、中国·湖南（国际）艺术博览会、湖南文化创意设计大赛、湖湘工艺美术创意成果展、湖湘动漫月、湖南动漫智能机器人展会等一系列品牌活动
	引导和扩大文化消费

七　完善立体监管机制，促进文化市场健康平稳发展

坚持市场监管与市场培育结合、综合执法与制度规范结合、集中整治与日常监管结合、传统执法与科技执法结合，规范文化市场秩序，激发文化市场活力，健全现代文化市场体系，主动开拓为企业和群众服务的新形式、新途径，营造良好的创业创新环境。

1. 深化改革，提升综合执法能力。在推进全国文化市场技术监管与服务平台上线应用的基础上建立上网服务营业场所监控平台，加快文化市场监管标准化、规范化、信息化建设；着力打造一支法治意识、法治素养、法治能力较强的文化市场管理和执法队伍；加快形成"权责明确、监督有效、保障有力"的文化市场综合执法体制，提升综合执法工作的法治化、科学化、规范化水平。

2. 依法行政，加强市场监管力度。开展文化市场专项整治行动，加强举报受理，确保文化娱乐、演出和网络文化市场内容安全和文化经营场所生产安全；成立全省网络文化市场联合执法小组，加强网络文化执法；坚持开展执法队伍业务培训、技能比拼和执法资质管理；加强执法案件指导和督办，组织开展行政审批和执法案卷评查工作；着力构建依法经营、违法必究、公平交易、诚实守信的文化市场秩序。

3. 简政放权，积极培育市场主体。进一步规范行政审批权限，完善事中事后监管，制定文化市场行业行政审批标准，推动各地创建文化市场行政审批规范示范点，促进行政审批规范化；打破文化市场条块分割、城乡分离，清除市场壁垒，完善市场准入和退出机制，鼓励各类市场主体公平竞争、优胜劣汰；推动互联网上网服务、歌舞娱乐和游戏游艺行业转型升级。

4. 建立机制，完善市场信用体系。完善文化市场信用信息数据库，建立文化市场信用管理规章制度，指导协会开展行业标准及规范建设；健全文化市场各行业信用评价体系，履行"双告知"职责、实施"双随机"抽查、完善"双公示"机制，实施黑名单动态管理，与其他部门建立信用信息交互共享及联合惩戒机制。

专栏六	文化市场监管主要指标
文化市场监管发展目标	建立文化市场安全生产监督检查基本规范
	制定文化市场经营主体分级分类管理政策措施
	推行文化市场行业行政审批标准
	建设上网服务营业场所监控平台
	开展"诚信画廊"评选和复核工作
	推进文化市场信用体系建设

八　深化交流合作层次，提升湘湖文化国内国际影响

加大湘湖文化对外宣传推介力度，优化传播形式和表现手法，通过展览、展演等活动，推动湘湖文化走出去，提高湘湖文化在国内国际的知名度和美誉度，影响力和辐射力。

1. 扩大国际文化交流。服务国家外交大局，配合国家"一带一路"战略布局和省政府对外开放战略，做好与友好国家和地区文化交流活动，深化与港澳台地区的文化交流与合作；充分利用文化部搭建的海外"欢乐春节"品牌活动平台和部省对口合作平台，组织开展专业艺术对外交流，力争每年在境外举办"湖南文化周"活动；大力引进外国优秀文化艺术成果；每年以"政府指导、社会参与、市场运

作"的形式，在省内举办 1—2 次具有国际水准的艺术演出和展览活动，力争打造出更多的湖湘品牌文化交流活动。

2. 加强对外文化贸易。加强与北京、上海对外文化贸易基地的联系，充分用好自贸区的优惠政策，支持文化企业研发"湖湘特色、中国风格、国际气派"的外向型文化产品，积极拓展文艺演出、动漫游戏、工艺美术等文化产品出口和服务贸易；鼓励有实力的文化企业通过合资、合作、并购等形式，直接在海外建立自己的研发、生产、营销基地，根据当地的审美情趣和消费习惯，量身创作具有丰富文化内涵的产品，并力争使其打入当地主流社会。

3. 创新对外文化交流机制。创新对外文化交流项目运作方式、对外文化交流项目管理机制和融资机制，制定符合本地区实际的对外文化发展规划；完善对外交流激励政策，表彰和奖励文化"走出去"优秀单位和企业；加强资源统筹能力，拓宽资源对外推介渠道；大力推动传统戏曲"走出去"工程。

专栏七	对外文化交流主要指标
对外文化交流发展目标	利用部省对口合作平台，组织专业艺术对外交流项目 35 个以上
	力争每年在境外举办 1—2 次大型"湖南文化周"活动
	力争省内每年举办 1—2 次具有国际水准的艺术演出和展览活动
	打造出更多的湖湘品牌文化交流活动
	支持民族地区与港澳台少数民族开展文化交流活动
	挖掘我省特色文化资源，加强资源对外推介

九　加强人才队伍建设，形成智力支持保障体系

加快各类文化人才成长步伐，实现人才队伍总量稳步增长，素质不断提升，结构更加合理，活力不断增强，效能充分发挥，为文化改革发展提供坚强的人才保障和智力支持。

1. 创新人才发展体制机制。深入贯彻落实中央《关于深化人才

发展体制机制改革的意见》及我省相关政策，坚持党管人才、服务发展大局、突出市场导向、体现分类施策、扩大人才开放。结合本省实际，力争在人才发展体制机制的重要领域和关键环节上取得突破性进展，人才管理体制更加科学高效，人才评价、流动、激励机制更加完善，识才爱才敬才用才氛围更加浓厚。

2. 构建全方位人才培养体系。进一步强化用人单位在人才培训中的主体地位，完善在职人员继续教育体系。以湖南艺术职业学院全国文化干部培训基地为中心，打造我省的文化人才培养阵地。启动"百千万"文艺人才提升工程，"十三五"期间，借助国家级高水平艺术院校平台，送训百名优秀文艺人才；依托省内教育培训基地，培养培训千名文艺人才及文化管理干部；整合各级培训资源，轮训万名基层文化工作者；逐步形成重点突出、层次分明、渠道多样、特色显著的多层次全方位人才培养体系。

3. 强化急需紧缺文化人才队伍建设。以急需紧缺专业人才为重点，加大重点领域专门人才的开发力度，加大对体制外人才的支持和培养力度，加强人才的需求预测，采取"走出去"和"请进来"相结合的方式，盘活现有存量人才。依托"文化部优秀专家"、"梅花奖"等各类奖项的评选，打造一支文化领军人才。继续实施我省"三区"人才支持计划文化工作者专项，每年选派 1000 名优秀文化工作者到"三区"工作和提供服务，每年为"三区"培养一批骨干文化工作者，积极引导优秀文化人才向基层流动，为我省公共文化服务均等化提供人才支持。

十 优化保障服务机制，提高文化改革发展保障水平

紧紧围绕贯彻党中央"四个全面"战略布局，深化文化体制改革、加强文化法治建设、优化文化人才结构、狠抓党风廉政建设，加强各项基础工作的长效机制建设，进一步汇聚提升文化治理能力的强大合力，为文化改革发展提供坚实保障。

1. 深化文化体制改革。深入贯彻落实省委省政府关于深化文化体制改革的战略部署，以激发文化创造活力为中心环节，着力于深入推进重点领域改革，创新文化管理体制和运行机制，完成文化领域各项改革事项。

2. 推进文化法治建设。进一步强化对行政权力的监督和制约；进一步加强和改进制度建设，严格执行规范性文件"三统一"制度，完善重大行政决策的公众参与和合法性审查等机制；进一步规范公正文明执法，严格执法程序，推进行政处罚裁量权基准适用工作；进一步发挥行政复议化解矛盾纠纷的主渠道作用，提高办案质量；进一步推进科学立法，建立健全文化行政管理规章制度。

3. 强化文化财政保障。进一步健全文化财政保障机制，加大政府投入力度；按照基本公共文化服务标准，各级政府落实提供基本公共服务项目所必需的资金；将购买公共文化服务资金纳入各级政府财政预算；建立财政文化资金绩效评估结果与预算安排挂钩制度，建立健全财政资金监督管理机制，提高资金使用效益。

4. 提升科技支撑水平。探索跨部门、跨地区的文化科技融合工作机制；支持社会力量参与文化创新活动；加强文化科技创新成果宣传和推广；组织实施文化重点领域科技成果应用示范项目，进一步激发文化领域创新创造的活力。

5. 加强文化宣传报道。适应现代传播新格局，把一切具备传播功能和媒介属性的载体和平台都作为先进文化的传播渠道，大力提升全媒体的传播辐射效应，逐步完善文化湖南微信、官方微博，文化湖南APP和湖南文化中英文双语网站，不断扩大文化传播的受众面和影响力。

6. 加强党风廉政建设。坚持开展作风建设工作专项督察，强化"三重一大"事项民主决策制度落实，确保资金安全、高效使用；进一步加强廉政风险防控机制建设，形成领导干部不敢腐、不能腐、不想腐的约束机制，为文化改革发展积聚正能量、营造好氛围。

参考文献

［1］齐勇锋、李炎：《中国文化的根基特色文化产业研究》（第 2 辑），光明日报出版社 2016 年版。

［2］余继平、洪业应：《乌江流域特色文化产业创新发展研究》，经济日报出版社 2016 年版。

［3］文化部文化产业司：《中国特色文化产业案例集》，社会科学文献出版社 2015 年版。

［4］戴晶斌：《西藏特色文化产业理论与实践》，上海人民出版社 2015 年版。

［5］齐勇锋：《中国文化的根基特色文化产业研究》，光明日报出版社 2014 年版。

［6］李炎：《西部文化产业理论与实践》，云南大学出版社 2015 年版。

［7］李学鑫：《中部农区特色文化产业集群发展理论与实践》，科学出版社 2014 年版。

［8］中华人民共和国文化部：《中国文化年鉴》，新华出版社 2014 年版。

［9］陈卓：《河北特色文化与创意旅游产业融合发展研究》，河北美术出版社 2015 年版。

［10］徐学书、喇明英：《羌族特色文化资源体系及其保护与利用研究》，民族出版社 2015 年版。

［11］郝相礼：《西部特色文化产业群建设研究》，陕西旅游出版社 2014 年版。

［12］李长友、吴文平：《基于文化扶贫视角下的农村公共文化产品

供给机制研究》，中国经济出版社 2016 年版。

[13] 吴晓东：《民族地区旅游扶贫长效机制研究——基于文化软实力建设的视角》，北京理工大学出版社 2015 年版。

[14] 张永亮：《民族贫困地区扶贫开发战略创新研究——基于湘西土家族苗族自治州扶贫开发实践的思考》，湖南人民出版社 2015 年版。

[15] 金武刚：《贫困地区公共阅读研究》，国家图书馆出版社 2015 年版。

[16] 王德胜：《中国社会主义新农村建设探索》，国家行政学院出版社 2015 年版。

[17] 孙安民：《文化产业理论与实践》，北京出版社 2005 年版。

[18] 欧阳友权：《文化产业通论》，湖南人民出版社 2006 年版。

[19] 蔡尚伟：《文化产业导论》，复旦大学出版社 2006 年版。

[20] 蒋三庚、张杰、王晓红：《文化创意产业集群研究》，首都经济贸易大学出版社 2010 年版。

[21] 冯梅：《中国文化创意产业发展问题研究》，经济科学出版社 2009 年版。

[22] 张京成、李岱松、刘利永：《文化创意产业集群发展理论与实践》，科学出版社 2011 年版。

[23] 向勇、刘静：《中国文化创意产业园区实践与观察》，红旗出版社 2012 年版。

[24] 杜建国、周艺平、祁国钧、包东波、陈卫军、黄南珊、张艳国、刘保昌、庄春梅：《湖北特色文化资源开发利用的思路与对策》，《江汉论坛》2007 年第 8 期。

[25] 李滨：《四川特色文化产业发展路径初探》，《新西部》（理论版）2017 年第 1 期。

[26] 申红兴：《建设丝绸之路青海道特色文化产业带研究》，《青海社会科学》2016 年第 2 期。

[27] 章雨微、赵瑞峰：《广西少数民族特色文化产业发展模式研究》，《经营管理者》2016 年第 9 期。

［28］ 王秀伟、汤书昆：《文化授权：地方特色文化产业发展的模式选择——以中国宣纸集团宣纸文化产业为例》，《同济大学学报》（社会科学版）2016 年第 1 期。

［29］ 卢杰、李红勇：《基于文化资源开发的江西特色文化产业集群发展路径》，《企业经济》2015 年第 12 期。

［30］ 黄晓梅、许华、黄新明：《甘肃省特色文化产业驱动新型城镇化发展模式刍议》，《甘肃理论学刊》2015 年第 6 期。

［31］ 熊正贤、吴黎围：《我国特色文化产业研究综述与展望》，《中华文化论坛》2015 年第 6 期。

［32］ 高宏存：《特色文化产业发展要实现"跨区域"治理》，《行政管理改革》2015 年第 5 期。

［33］ 王宏鹏：《区域特色文化产业发展》，《人才资源开发》2015 年第 8 期。

［34］ 喻双：《湖南县域特色文化产业发展现状探析》，《中国市场》2015 年第 13 期。

［35］ 朱菊萍、潘时常、董磊：《遵循产业发展规律打造特色文化产业集群》，《现代经济探讨》2015 年第 3 期。

［36］ 王丽欣：《河北省特色文化产业存在的问题及发展对策分析》，《中国集体经济》2015 年第 7 期。

［37］ 李修松：《走自主创新的中国特色文化产业发展之路》，《经济界》2015 年第 2 期。

［38］ 丁智才：《民族地区少数民族特色文化产业发展研究》，《广西民族研究》2014 年第 6 期。

［39］ 邱淑、杨丽：《云南民族地区特色文化产业推动包容性增长研究》，《云南民族大学学报》（哲学社会科学版）2014 年第 6 期。

［40］ 黄金海：《做大做强福建特色文化产业的对策》，《中共福建省委党校学报》2014 年第 11 期。

［41］ 陈瑾、张蔓菁：《特色文化产业集群生态位理论构架和政策导向》，《企业经济》2014 年第 10 期。

［42］王彦林、姚和霞：《河北区域特色文化产业打造探析》，《大舞台》2014 年第 1 期。

［43］林玮：《特色文化产业集群的资源开发与乡村实践》，《西北农林科技大学学报》（社会科学版）2015 年第 5 期。

［44］齐勇锋、吴莉：《特色文化产业发展研究》，《中国特色社会主义研究》2013 年第 5 期。

［45］李建柱：《论区域特色文化产业发展的困境与对策——以吉林省为例》，《延边大学学报》（社会科学版）2013 年第 5 期。

［46］吴蓓：《贵州屯堡特色文化产业开发的集群化思路》，《贵州民族研究》2013 年第 2 期。

［47］李树启：《面向文化复兴的民族特色文化产业建设：路径与策略》，《中国浦东干部学院学报》2012 年第 6 期。

［48］李俊霞：《西部特色文化产业集群发展战略研究》，《兰州大学学报》（社会科学版）2012 年第 5 期。

［49］吴兴智：《发展特色文化产业的 10 条建议》，《重庆社会科学》2012 年第 9 期。

［50］沙雪斌：《发展中国特色文化产业：文化强国建设的文化自觉》，《当代世界与社会主义》2012 年第 3 期。

［51］李炎、王佳：《文化需求与特色文化产业发展》，《学习与探索》2012 年第 1 期。

［52］张姣姣：《论河南省特色文化产业发展现状及对策》，《中国集体经济》2011 年第 30 期。

［53］李学鑫、田广增：《选择性环境、能力与农区特色文化产业集群的演化——以宝丰县赵庄乡魔术产业集群为例》，《人文地理》2011 年第 3 期。

［54］王晓彤：《浙江发展特色文化产业群》，《中国产业》2011 年第 3 期。

［55］《打造区域特色文化产业》，《中国财政》2010 年第 21 期。

［56］周建军、张爱民：《论特色文化产业的内涵和发展途径》，《社会科学研究》2010 年第 6 期。

［57］孙刚：《发展中国特色文化产业的战略思考》，《人才资源开发》2010 年第 10 期。

［58］焦斌龙、焦志明：《集聚度、根植性与区域性特色文化产业群建设》，《中国流通经济》2010 年第 8 期。

［59］任东峰：《特色文化产业集群发展中面临的问题与对策》，《经济研究导刊》2010 年第 5 期。

［60］周丽：《新疆特色文化产业的发展》，《新疆社会科学》2009 年第 6 期。

［61］姜长宝：《区域特色文化产业集聚发展的制约因素及对策》，《特区经济》2009 年第 9 期。

［62］姜长宝：《论区域特色文化产业集聚的动因及其培育》，《商业时代》2009 年第 22 期。

［63］沈望舒：《文化产业的供应链、产业链和价值链——以大芬村特色文化产业园区为例》，《城市问题》2008 年第 12 期。

［64］林怡：《发展农村特色文化产业的思考》，《北京农业》2008 年第 27 期。

［65］张文平、聂照星：《社会主义核心价值体系与中国特色文化产业》，《中共贵州省委党校学报》2008 年第 4 期。

［66］黄成良：《发展文化产业》打造文化品牌——对靖州特色文化产业的思考》，《湖南行政学院学报》2007 年第 1 期。

［67］贾怡宁：《特色文化产业：西部中小城市的灵魂和亮点——以甘肃省庆阳市文化资源开发为例》，《甘肃农业》2006 年第 9 期。

［68］冷志明：《依托民族文化优势资源，建设湘西特色文化产业》，《河南理工大学学报》（社会科学版）2005 年第 2 期。

［69］李霏：《树立科学发展观　大力发展中国特色文化产业》，《理论导报》2004 年第 11 期。

［70］李俊杰：《武陵山区特色文化产业发展研究》，《经济论坛》2004 年第 9 期。

［71］张昌尔：《积极探索中国特色文化产业发展之路》，《求是》2003 年第 21 期。

[72] 谢名家:《建设中国特色文化产业新论》,《广东社会科学》2003 年第 3 期。

[73] 王永章:《中国特色文化产业:路在何方》,《紫光阁》2003 年第 2 期。

[74] 辛秋水:《来自莲云乡文化扶贫的报告》,《江淮论坛》1996 年第 6 期。

[75] 焦勇夫:《文化扶贫小议》,《瞭望新闻周刊》1987 年第 35 期。

[76] 肖继文、魏星河、杨超:《文化扶贫一项伟大的文明工程》,《求实》1996 年第 11 期。

[77] 徐永平:《贫困文化的思考》,《内蒙古民族大学学报》(社会科学版)2004 年第 4 期。

[78] 王俊文:《反贫困必由之路:我国农村贫困地区"文化扶贫"的关键解读》,《农业考古》2007 年第 6 期。

[79] 肖继文、杨超、魏星河:《扶贫扶智扶精神——对贫困地区文化扶贫的思考》,《攀登》1997 年第 1 期。

[80] 张庆武:《思想文化扶贫刍议》,《甘肃理论学刊》1997 年第 1 期。

[81] 徐惟诚:《文化扶贫的壮举》,《乡镇论坛》1994 年第 1 期。

[82] 李丰春:《农村文化扶贫的若干问题研究》,《安徽农业科学》2008 年第 25 期。

[83] 张霞:《基于共享视角下的农村文化扶贫路径探究》,《未来与发展》2016 年第 9 期。

[84] 李云:《文化扶贫:武陵山片区扶贫攻坚的战略选择》,《民族论坛》2012 年第 22 期。

[85] 姜汉卿:《图书馆与文化扶贫》,《盐城师专学报》(人文社会科学版)1997 年第 1 期。

[86] 江军、万可:《扶贫先扶志文化当先行——论先进文化对扶贫工作的作用》,《理论与当代》2004 年第 8 期。

[87] 王俊文:《中部贫困地区农村"文化扶贫"的若干思考》,《学习月刊》2015 年第 2 期。

［88］杨亚静：《新时期贫困地区脱贫致富的战略选择：文化扶贫》，《技术与创新管理》2013 年第 2 期。

［89］肖桂云、程贵铭：《贫困文化与文化扶贫》，《中国农业大学学报》（社会科学版）2000 年第 3 期。

［90］靳翠萍：《城市化视域下的农村文化扶贫》，《华中农业大学学报》（社会科学版）2013 年第 6 期。

［91］方清云：《贫困文化理论对文化扶贫的启示及对策建议》，《广西民族研究》2012 年第 4 期。

［92］文化部文化扶贫委员会：《以文化扶贫为突破口推动农村两个文明建设》，《中国贫困地区》1996 年第 2 期。

［93］安徽省社会科学院课题组：《文化扶贫：扶贫方式的重大创新》，《中国农村经济》1997 年第 12 期。

［94］刘丽影：《河北省特色文化产业发展研究》，硕士学位论文，河北农业大学，2014 年。

［95］周通：《中国特色文化产业发展路径研究》，硕士学位论文，扬州大学，2014 年。

［96］马佳男：《中国"兰西格经济区"特色文化产业发展研究》，博士学位论文，中央民族大学，2013 年。

［97］吴呈庆：《黑龙江省特色文化产业发展研究》，硕士学位论文，哈尔滨商业大学，2013 年。

［98］杨亚静：《贫困地区新农村建设中的文化扶贫研究》，硕士学位论文，中南大学，2013 年。